走る・はねる・飛ぶ！
輪ゴムで動く おもしろおもちゃ

TOSHIMI NARUI
成井俊美

PHP

もくじ

本書のねらいと作品について 3　　使用する道具と材料 4

① 走る　汽車ぽっぽ　　　　　　　　作品例 5
　　　　　①線路 …………………… つくり方 24
　　　　　②汽車 …………………………… 26
　　　スタントバギー ………… 6 ………… 28
　　　不思議な一輪車 ………… 7 ………… 30
　　　GPレース ……………… 8 ………… 32

② はねる　びっくりワニ …………… 9 ………… 34
　　　ぴょんぴょんウサギ …… 10 ……… 36
　　　ピラニアくん …………… 11 ……… 38
　　　トスバッティングマシーン … 12 ……… 40

③ 飛ぶ　紙コプター …………… 13 ……… 42
　　　ドッカン砲 ……………… 14 ……… 44
　　　ゴムボーガン …………… 15 ……… 46
　　　テーブルゴルフ ………… 16 ……… 48

④ 動く　よちよちペンギン ……… 17 ……… 50
　　　おくんちドラゴン ……… 18 ……… 52
　　　くるくるバレリーナ …… 19 ……… 54
　　　コインスピナー ………… 20 ……… 56
　　　びっくりカメラ ………… 21 ……… 58
　　　牛乳パックシアター …… 22 ……… 60

型紙　汽車ぽっぽ ～汽車～ ………… 62
　　　スタントバギー ～ボディ～ …… 63

本書のねらいと作品について

　本書は、輪ゴムの伸縮性を動力源として動くおもちゃの作品とそのつくり方を、「走る」「はねる」「飛ぶ」「動く」の4つのカテゴリーに分けて18種類紹介しています。

　しかし、紹介した作品とまったく同じものをつくっていただくというよりも、輪ゴムで動く原理を知っていただき、それを応用していろんな個性あふれるおもちゃをつくっていただきたいというのがねらいです。

　そこで、本書は次の点を踏まえてお読みいただければ幸いです。

①どこに輪ゴムが使われているか

　紹介している作品は、走ったり、はねたり、飛んだりしますが、輪ゴムがどのように使われているのかを見てください。ゴムで動く原理さえわかれば、それを応用してオリジナルのおもちゃをぜひつくってみてください。

②作品の絵柄について

　紹介している作品は、ボール紙やケント紙の上に絵付けをしていますが、実際のボール紙、ケント紙は白紙です。絵は工作の際に自由におかきください。作品の絵柄は一例とお考えください。

③作品の形について

　作品の形も、これと同じでなければならないというものではありません。ゴムの使い方がわかれば、あとは想像力をふくらませていろんな形の作品をつくっていただきたいと思います。

- 「つくり方」では主なパーツのサイズ（単位はすべてミリメートル）を一応明示していますが、一つの目安とお考えください。
- 一部、動くために大切なパーツについては、巻末に型紙を掲載していますのでお使いください。

使用する道具と材料

道具

① ハサミ
② カッターナイフ
③ カッターボード
④ 千枚通し
⑤ 定規
⑥ 木工用ボンド
⑦ ホチキス
⑧ セロハンテープ
⑨ クリップ
⑩ 色鉛筆
⑪ サインペン

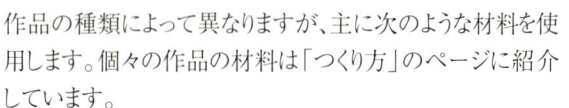

材料

作品の種類によって異なりますが、主に次のような材料を使用します。個々の作品の材料は「つくり方」のページに紹介しています。

輪ゴム（16番など）	割り箸
ボール紙	ストロー
ケント紙	タコ糸
リップルボード	おはじき
紙皿	洗濯バサミ
紙コップ	ピンポン玉
牛乳パック	スチロール玉
空き箱	ビーズ
竹ぐし	割りピン

注意
道具・材料の取り扱いには十分ご注意ください。
- ハサミ、カッターナイフで手などを切らないよう注意してください。
- 千枚通し、竹ぐし、鉛筆など、先がとがった部分でケガをしないように注意してください。
- クリップ、おはじきなど、小さいものは飲み込んだりしないよう注意してください。

① 走る

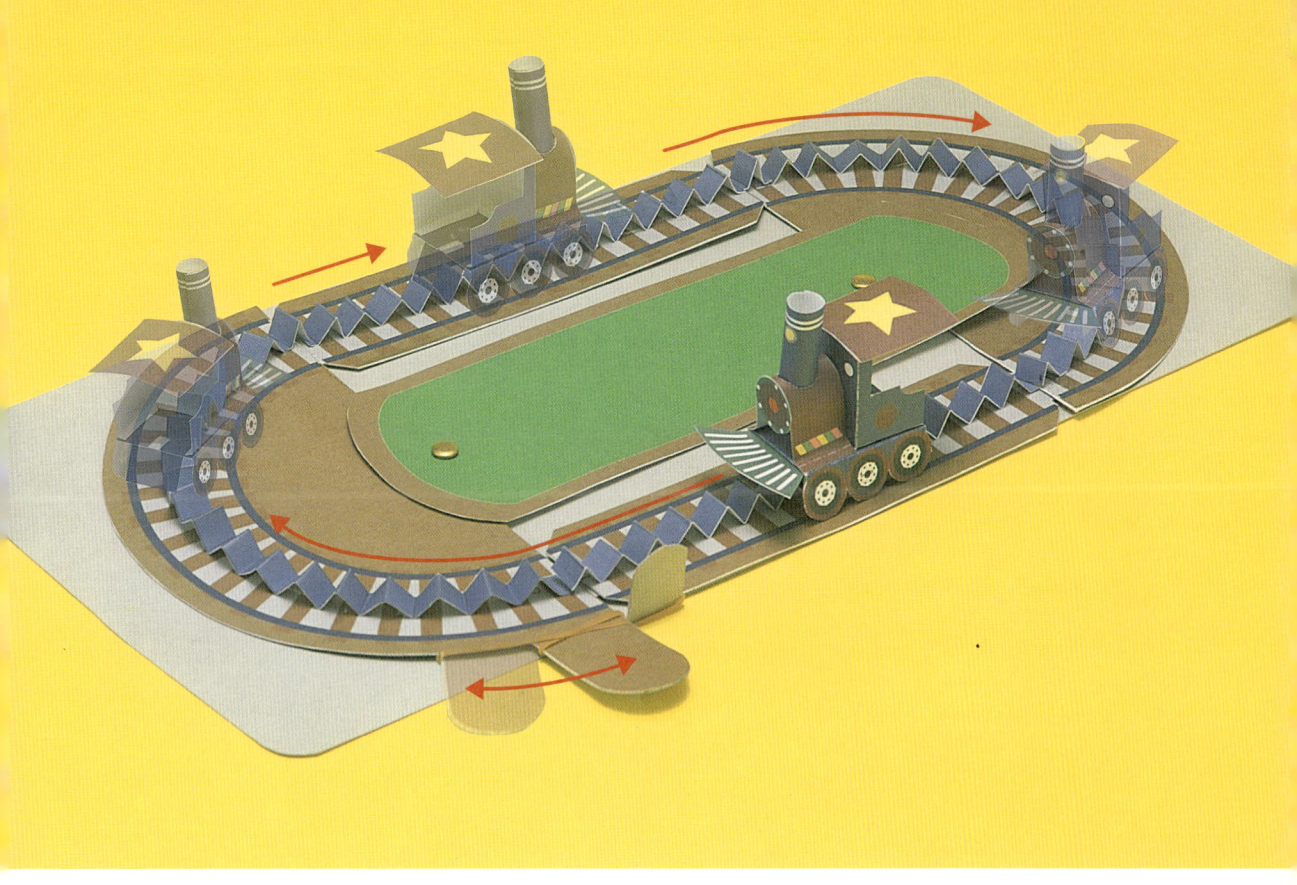

汽車ぽっぽ

線路の取っ手を指で小刻みに弾くと、
汽車が **ガタゴト** 動くよ！

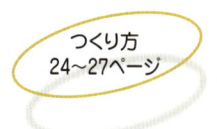

つくり方
24～27ページ

①走る

スタントバギー

バギーを後ろに引いて手を放すと、前輪を上げて走るよ!

つくり方
28ページ

① 走る

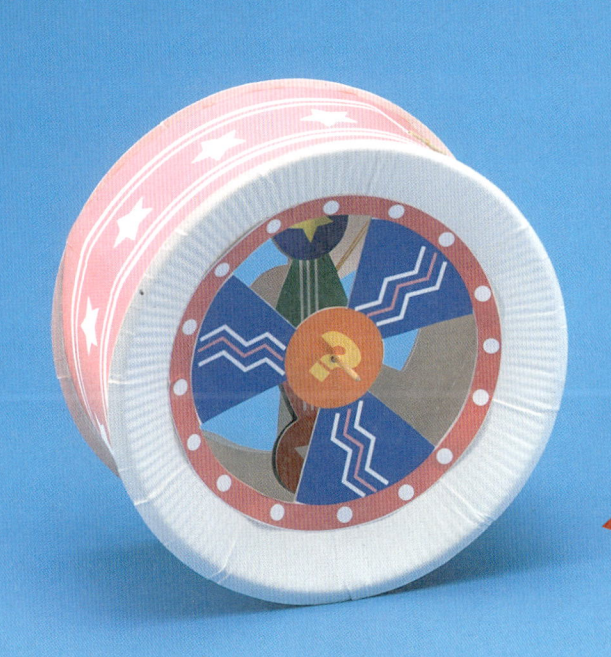

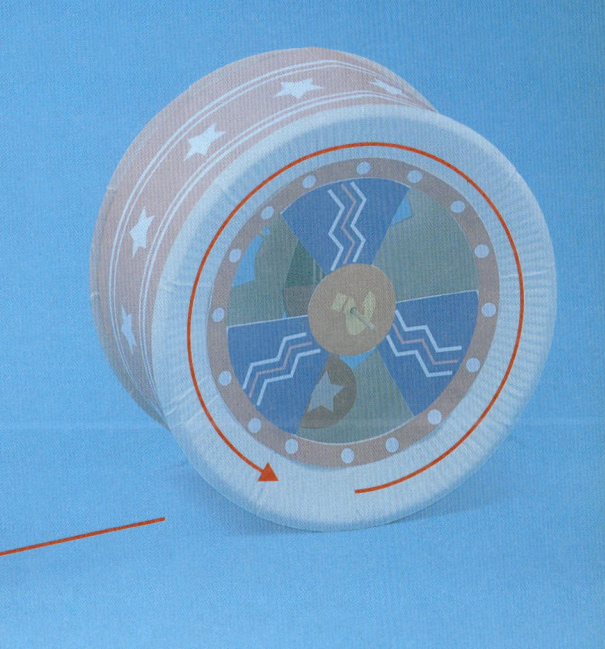

不思議な一輪車

竹ぐしを3〜4回巻いて床に置くと……なぜか走り出すよ！

つくり方
30ページ

①走る

GPレース

サーキットの取っ手を指で弾くと、
レーシングカーが競争しながら走るよ！

つくり方
32ページ

②はねる

びっくりワニ

ビー玉を1個ずつ取っていくと、
突然ワニが はね上がって びっくり！

つくり方
34ページ

②はねる

ぴょんぴょんウサギ

後ろ足を巻いて手を放すと、**ぴょんぴょん**はねながら走るよ！

つくり方
36ページ

ピラニアくん

②はねる

口を開いて置き、釣りえさを落とすと、
パックンと勢いよく食いつくよ！

つくり方
38ページ

②はねる

トス
バッティング
マシーン

ボールを置いてセット。
ボールがはね上がったところをバットで **カーン！**

つくり方
40ページ

③ 飛ぶ

紙コプター

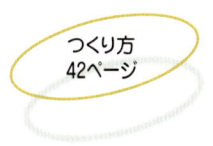

竹ぐしを回して手を放すと、
くるくる回転しながら飛んでいくよ！

つくり方
42ページ

③飛ぶ

ドッカン砲

引き金を外すと、玉が大砲から勢いよく飛び出すよ！
（人に向けて飛ばさないこと）

つくり方
44ページ

③ 飛ぶ

ゴムボーガン

洗濯バサミを指で押すと、**矢**が勢いよく飛んでいくよ！
（人に向けて発射しないこと）

つくり方
46ページ

③ 飛ぶ

テーブルゴルフ

ゴルファーのレバーを引いてピンポン玉をショット。
ホールインワンなるか！

つくり方
48ページ

④ 動く

よちよちペンギン

三角足を巻いて置くと，
左右に体をゆすりながら **よちよち** 歩くよ！

つくり方
50ページ

④動く

おくんちドラゴン

棒を持って動かすと、まるで生きているように体をうねらせるよ！

つくり方
52ページ

④ 動く

くるくるバレリーナ

ホイールを回して置くと、くるくるとスピンしながら踊るよ！

つくり方
54ページ

④動く
コインスピナー

コインを発射すると、
コースをぐるぐる回りながら穴の中へ。
お金がたまるよ！

つくり方
56ページ

④ 動く

びっくりカメラ

下の糸を勢いよく引くと、中から 顔 が飛び出すよ！

つくり方
58ページ

④ 動く

牛乳パックシアター

つくり方
60ページ

左右のひもを引っ張ると、
舞台でイルカが くる くる 回って
おいかけっこするよ！

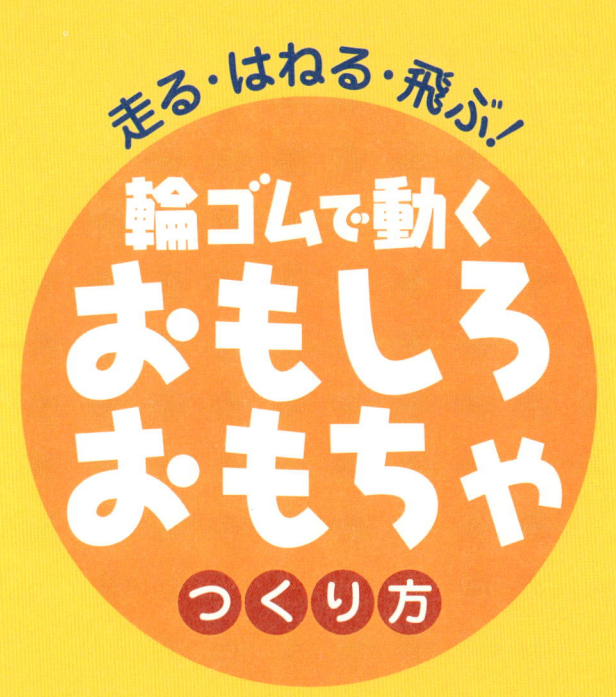

走る・はねる・飛ぶ！
輪ゴムで動く おもしろおもちゃ つくり方

①各作品の写真は、絵柄をつけていますが、「つくり方」では白紙の状態で示しています。
②「つくり方」ではつくりやすさを優先し、各作品の写真とはパーツの形が異なるものが一部あります。
③型紙はありませんが、主なパーツの寸法を示しています。単位はすべてミリメートル（mm）です。
（「汽車ぽっぽ」の汽車と「スタントバギー」のボディのみ、62～63ページに型紙を掲載していますのでお使いください）
なお、使用する道具、折り、接着面などは次の記号で示しています。

	カッターナイフ		木工用ボンド
	ハサミ		ホチキス
	千枚通し		セロハンテープ
-------	山折り線	-------	谷折り線
	接着面 実際には影になる部分でも示している場合があります。		輪ゴム 家庭で使用されている16号

つくり方 汽車ぽっぽ① 〜線路〜

● 主なパーツの寸法

線路1　80 / 40 / 80　100
線路2　240　30　40
線路3×2枚　170　20　45
輪ゴムかけ　55
グリーン　80
おび×4枚　340　10

- 材：ボール紙（B4・3枚）／割りピン（2個）
- 料：輪ゴム（1本）

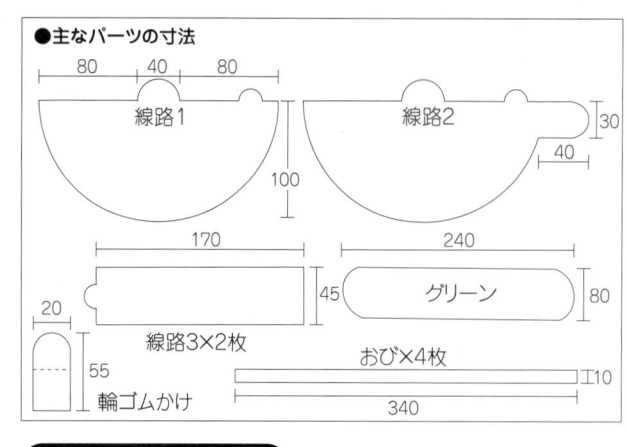

線路をつくる

①ボール紙から線路1〜3を切り出す

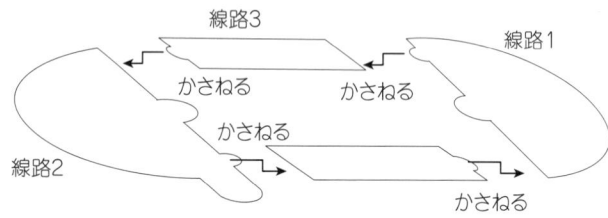

線路3・線路1・線路2　かさねる

②線路1〜3をホチキスで「またぎどめ」する

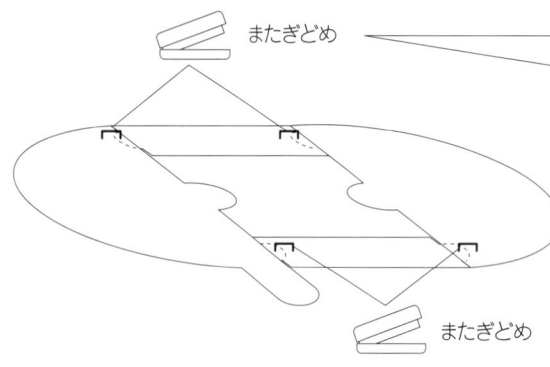

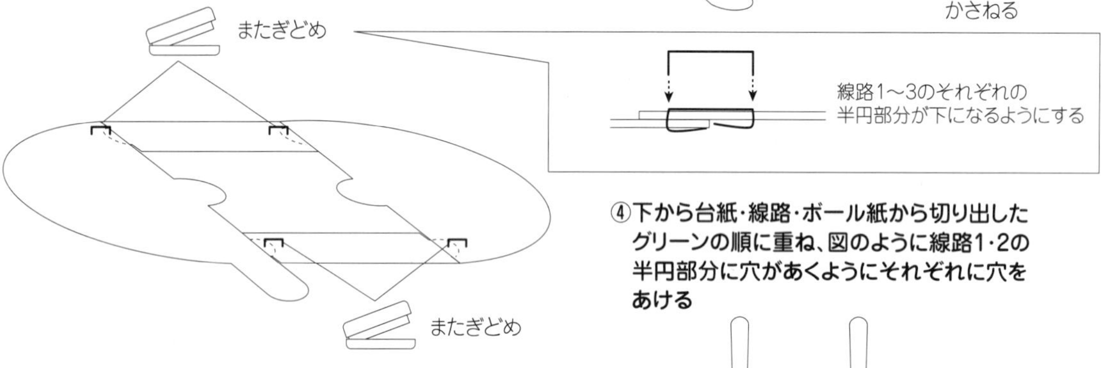

またぎどめ

線路1〜3のそれぞれの半円部分が下になるようにする

③線路をボール紙に図のように置き、台紙のあまった部分を切り取る

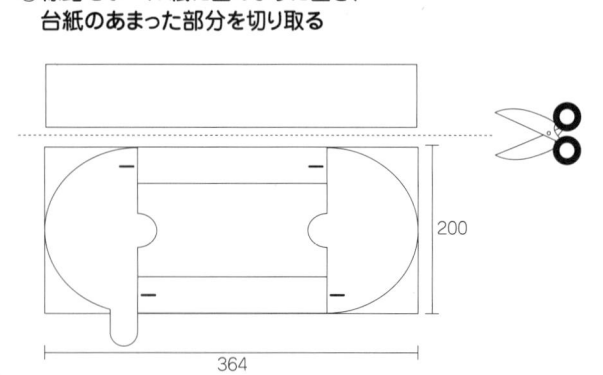

200 / 364

④下から台紙・線路・ボール紙から切り出したグリーンの順に重ね、図のように線路1・2の半円部分に穴があくようにそれぞれに穴をあける

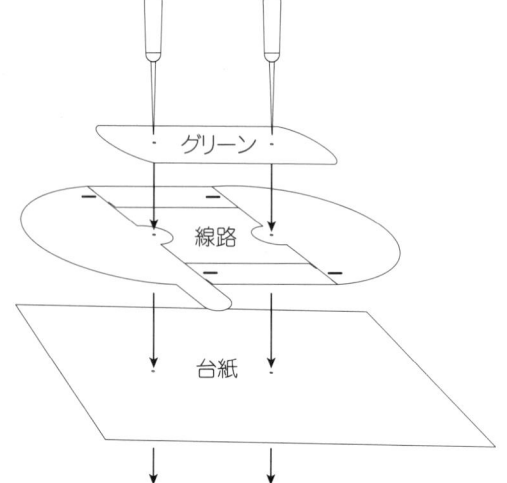

グリーン / 線路 / 台紙

⑤割りピンを通し、台紙の裏側で開いてとめる

割りピン

⑥輪ゴムかけを台紙の裏側に接着する

台紙（裏）

25

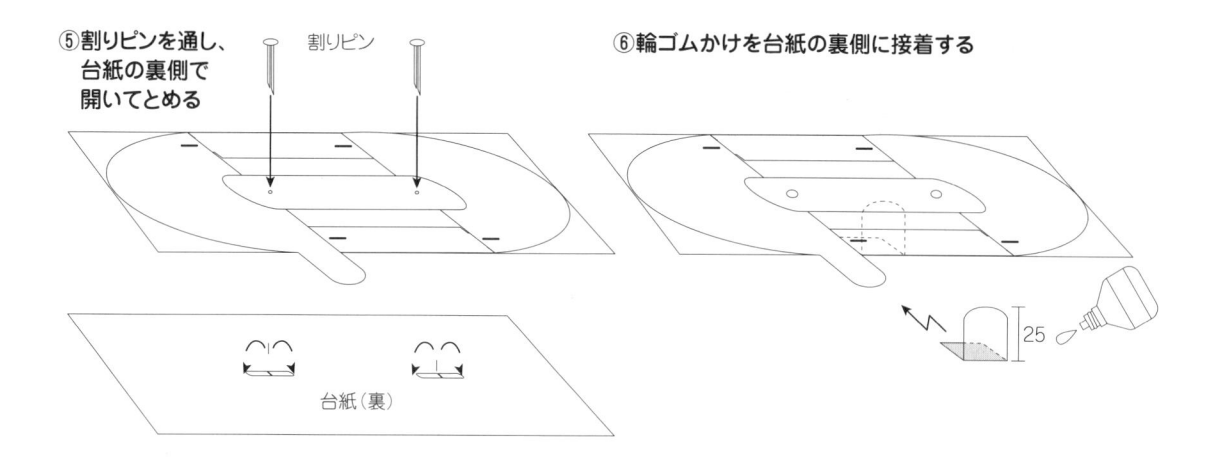

> ラチェットメカをつくる

⑦ボール紙から切り出した4本のおびを、10ミリ間隔で交互に折る

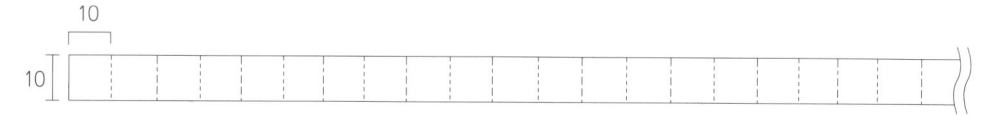

10
10

⑧4本のおびを図のように線路1〜3の中央にボンドで接着する

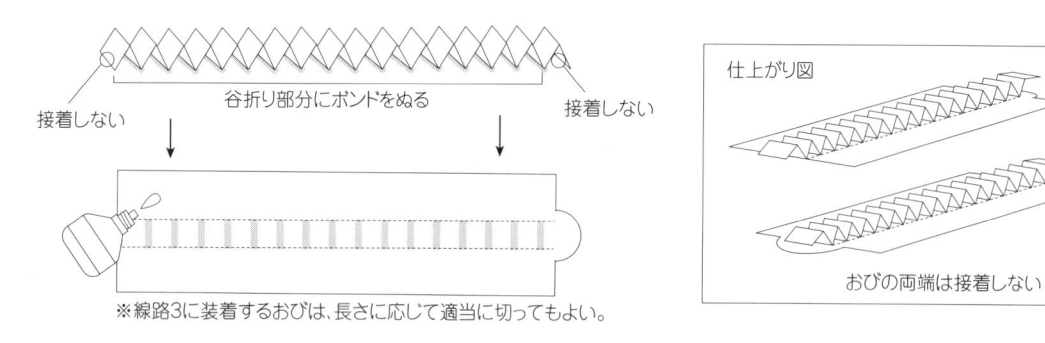

接着しない　谷折り部分にボンドをぬる　接着しない

仕上がり図

おびの両端は接着しない

※線路3に装着するおびは、長さに応じて適当に切ってもよい。

⑨線路と線路の合わせ目のおびは重ねるだけで接着はしない。
　線路2の取っ手と台紙の輪ゴムかけに輪ゴムを8の字にかける

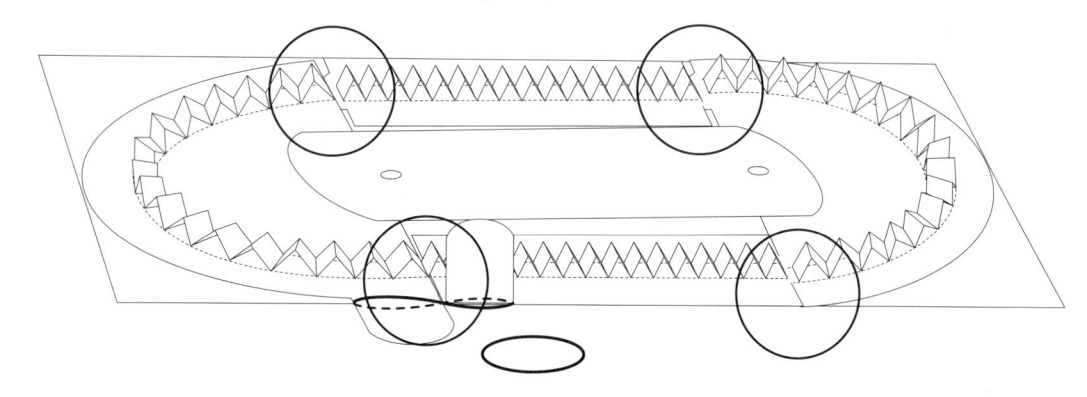

つくり方 汽車ぽっぽ② ～汽車～

材料：ボール紙（B5・1枚）

● 主なパーツの寸法（型紙62ページ）

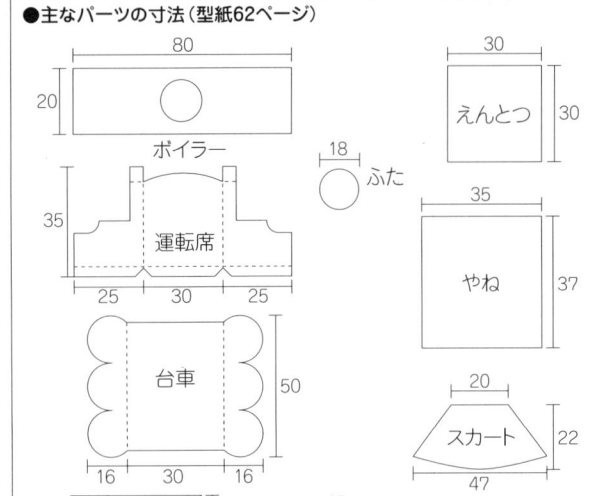

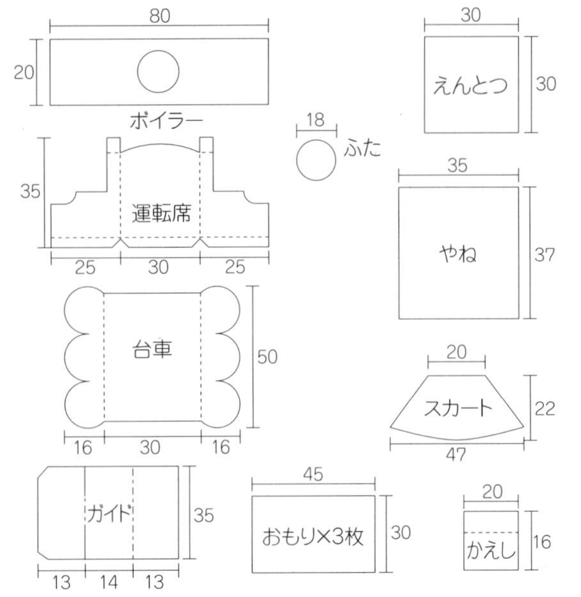

パーツ	寸法
ボイラー	80 × 20
運転席	35（25・30・25）
ふた	18
えんとつ	30 × 30
やね	35 × 37
台車	50（16・30・16）
スカート	20/47 × 22
ガイド	35（13・14・13）
おもり×3枚	45 × 30
かえし	20 × 16

台車をつくる

① 台車の車輪を図のように折る

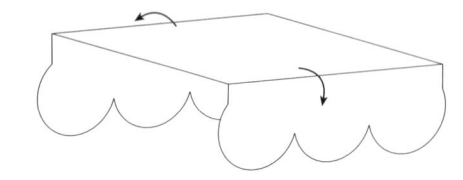

② ボール紙からおもりを3枚切り出す

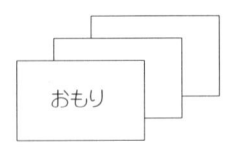

③ 台車の裏側に3枚のおもりを接着する

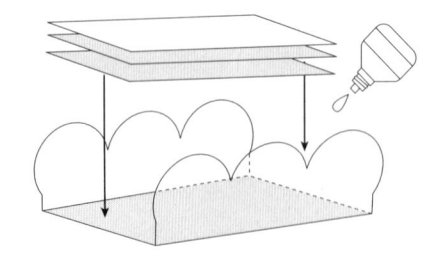

④ ガイドに切り込みを入れ、線路のカーブを曲がりやすいように図のように曲げる

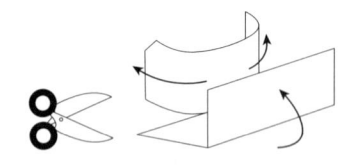

⑤ ガイドを台車中央に接着する

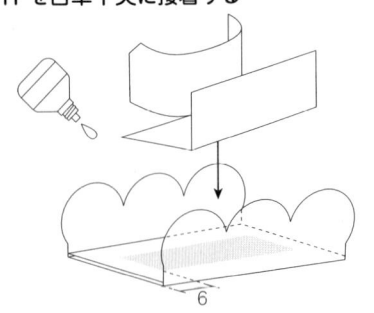

⑥ かえしを台車の後部に接着する

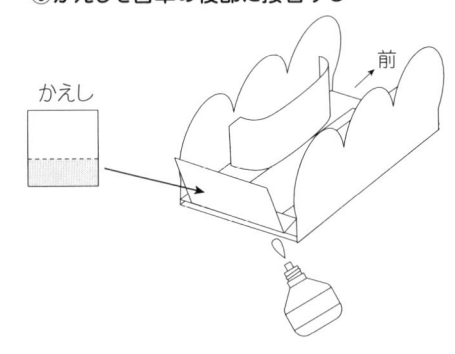

運転席などを組み立てる

⑦運転席を図のように折り、台車に接着する

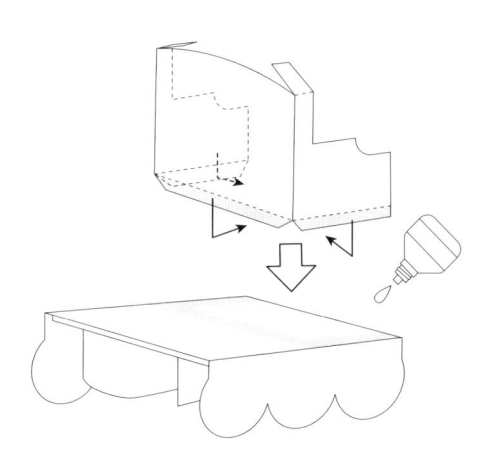

⑧それぞれのパーツを台車に接着する

丸めて円柱にする

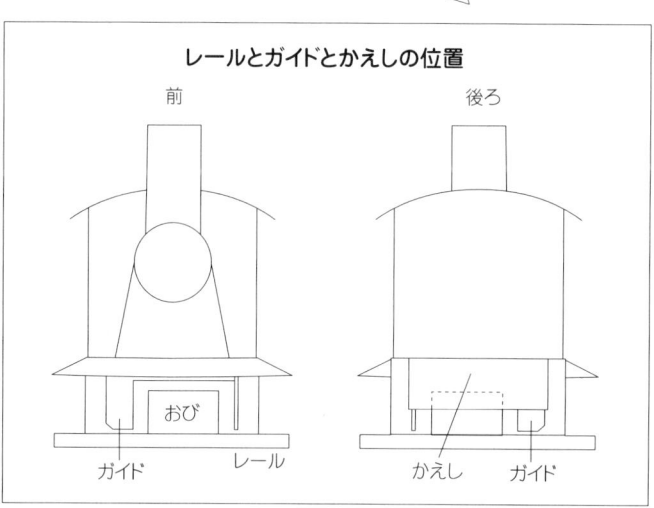

えんとつ

ふた　ボイラー

スカート

レールとガイドとかえしの位置

前

後ろ

ガイド　レール　おび

かえし　ガイド

★あそびかた

線路2の取っ手を指で小刻みに弾くと汽車がガタゴト動き出す。
汽車は時計回りの向きに置いてください。
脱線しやすいときは、汽車の運転席のスペースにおはじきを接着するなどして少し重くしてみてください。

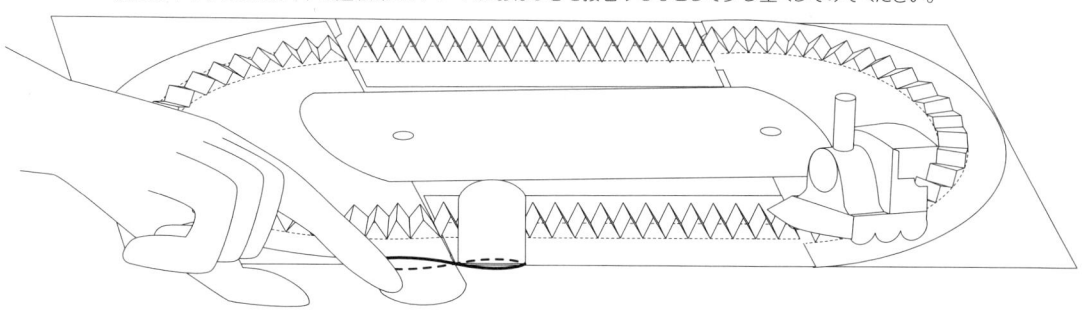

つくり方 スタントバギー

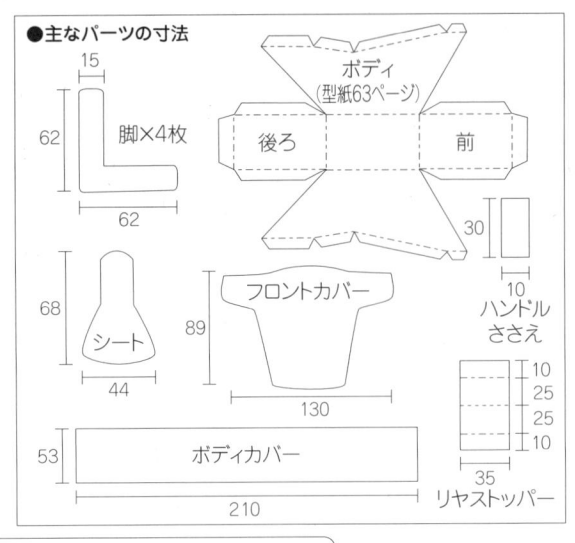

● 主なパーツの寸法

- 脚×4枚：62 × 62、幅15
- ボディ（型紙63ページ）：後ろ／前
- シート：68 × 44
- フロントカバー：89 × 130
- ボディカバー：53 × 210
- ハンドルささえ：30 × 10
- リヤストッパー：10/25/25/10、35

材料
ボール紙（B5・1枚）／ケント紙（B4・1枚）／リップルボード（33cm×2cm・8本）／竹ぐし（2本）／ストロー（5本）／輪ゴム（3本）／使用済乾電池（単2・1個）

ボディを組み立てる

① ボディをケント紙から切り出し図のように折る

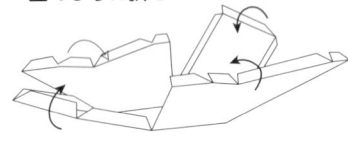

② のりしろに合わせてボンドで接着する

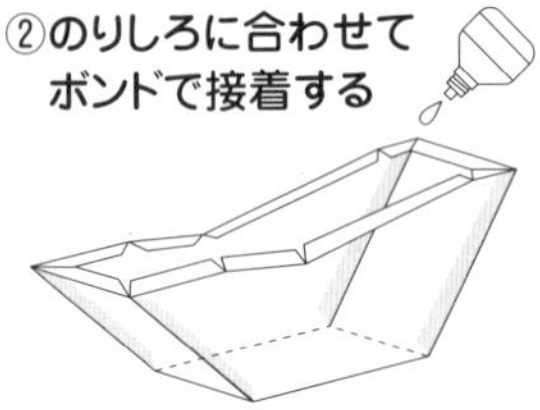

③ 電池を入れる

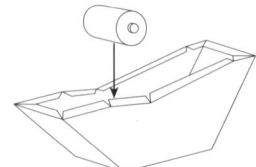

④ カバー上部のカーブに合わせて前後に巻くようにボディカバーを接着する

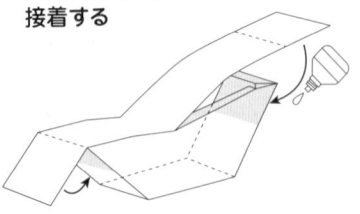

⑤ 脚をボール紙から4枚切り出し、2枚ずつボンドで接着する

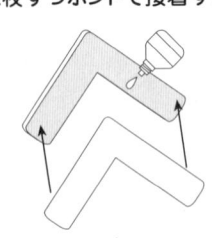

⑥ 脚2本をボディの側面に接着する

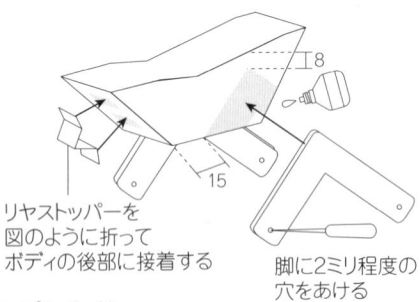

リヤストッパーを図のように折ってボディの後部に接着する

脚に2ミリ程度の穴をあける

タイヤをつくる

2本の竹ぐしを図の寸法に切る（130）

リップルボード（330 × 20）

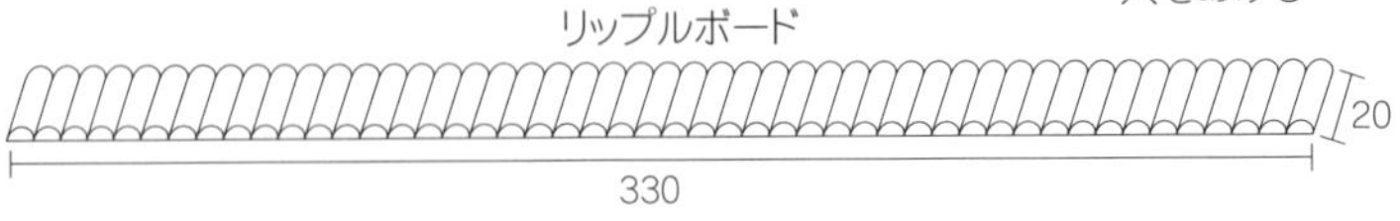

⑦ リップルボードの先端をセロハンテープで竹ぐしに接着し、巻きつけてボンドでとめる。巻き終わったら、さらにもう1本つぎたして巻く

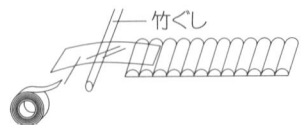

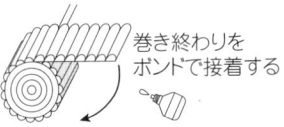

巻き終わりをボンドで接着する

ストロー4本（10）

⑧ 10ミリの長さに切ったストローを竹ぐしに通す

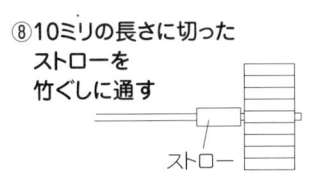

⑨同じものをもうひとつつくり、前輪後輪の片輪ずつ、脚に通す

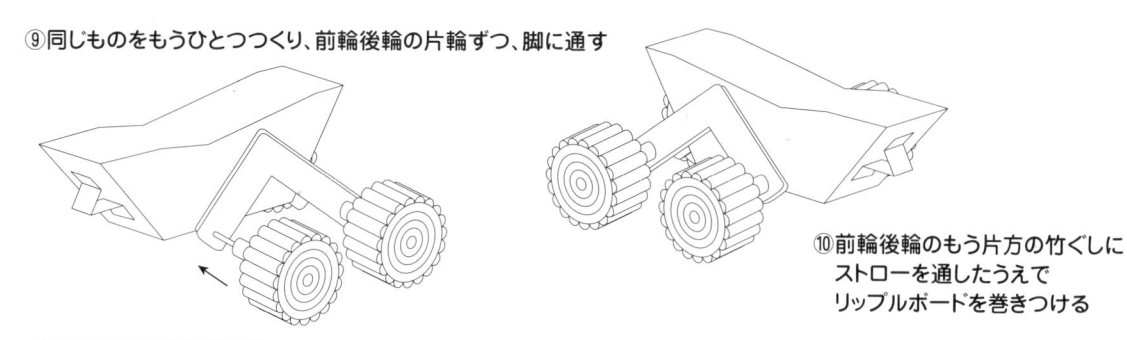

⑩前輪後輪のもう片方の竹ぐしにストローを通したうえでリップルボードを巻きつける

輪ゴムをかける

⑪バギーのフロントに図のように輪ゴムかけをカッターで切り出し、輪ゴムをかけてセロハンテープでとめる

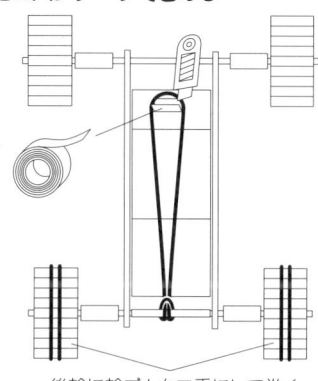

後輪に輪ゴムを二重にして巻く

その他のパーツをつくる

⑫フロントカバー、シートを接着する

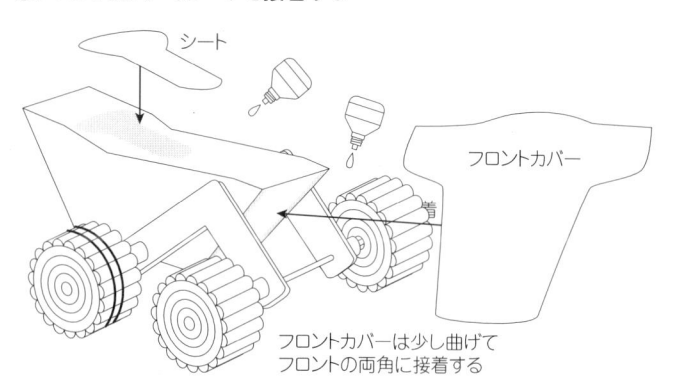

シート

フロントカバー

フロントカバーは少し曲げてフロントの両角に接着する

⑬折り曲げ式のストローの先を4本使い爪でつぶして図のように差し込む

つぶす
さしこむ
50
ハンドル

⑭ケント紙からハンドルささえを切り出し、ハンドルをはさむようにしてボディの上部に接着する

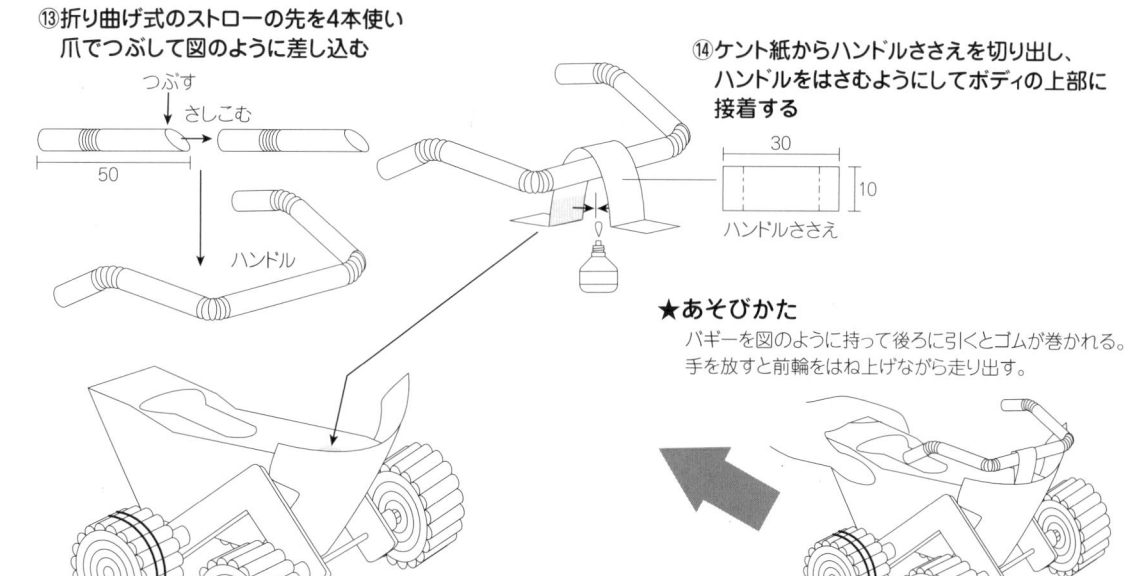

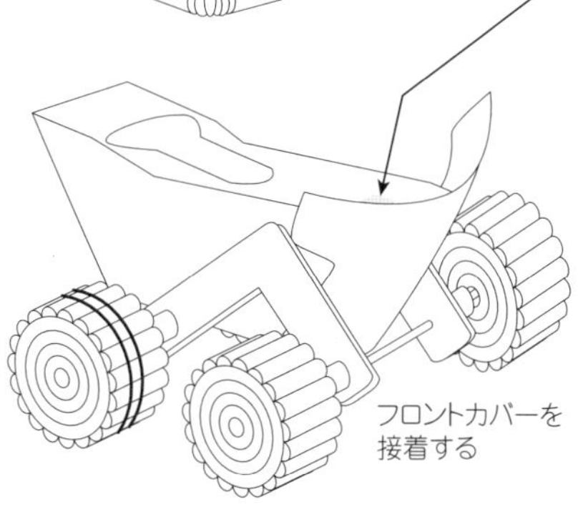

30
10
ハンドルささえ

★あそびかた
バギーを図のように持って後ろに引くとゴムが巻かれる。手を放すと前輪をはね上げながら走り出す。

フロントカバーを接着する

29

つくり方 不思議な一輪車

● 主なパーツの寸法

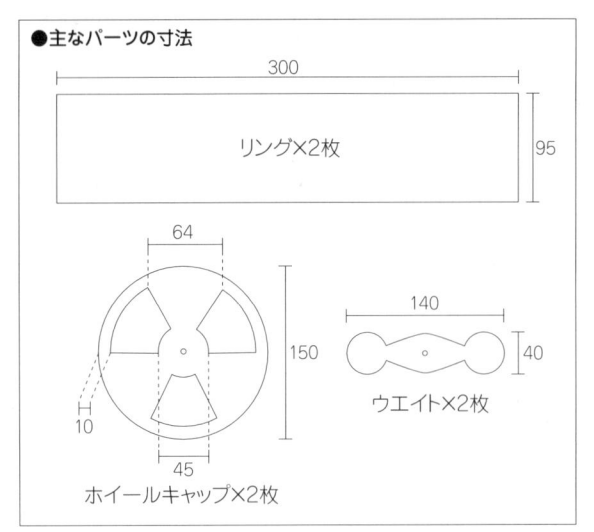

| リング×2枚 | 300 × 95 |

ホイールキャップ×2枚: 64, 45, 150, 10

ウエイト×2枚: 140 × 40

- 材料
  - ボール紙（B5・1枚）／ケント紙（B4・2枚）／紙皿（Ø200mm・2枚）
  - 輪ゴム（1本）／竹ぐし（1本）／おはじき（3個）

パーツを組み立てる

① ケント紙からホイールキャップを切り出し、紙皿の表側に接着する

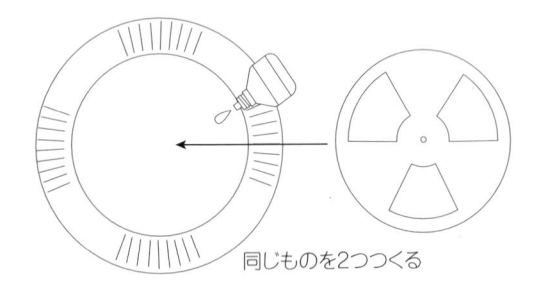

同じものを2つつくる

② ホイールキャップの形に合わせて扇部分を紙皿と一緒に切り抜き、中心に穴をあける

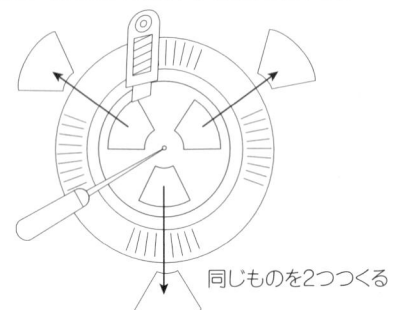

同じものを2つつくる

③ ボール紙からウエイトを切り出し、図のようにおはじきをはさむようにボンドで接着し、中心に穴をあける

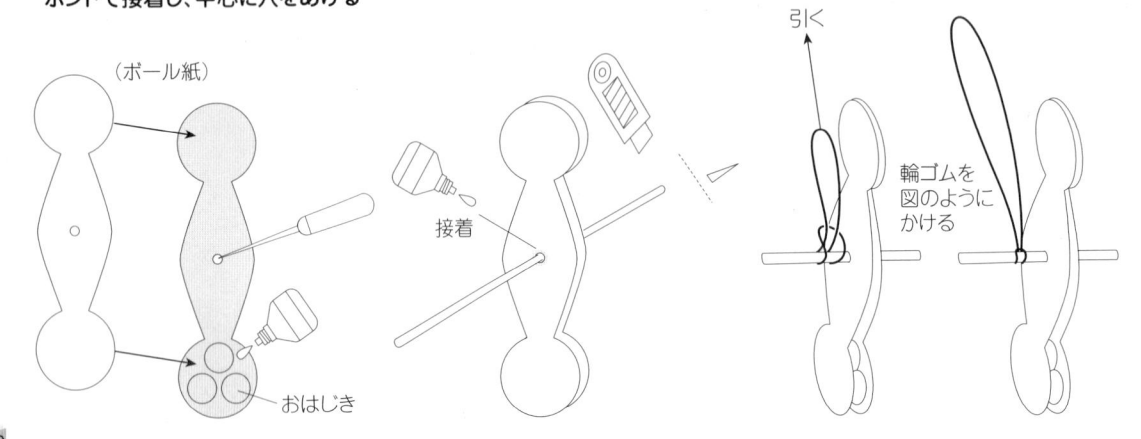

（ボール紙）
おはじき

④ ウエイトの中央に竹ぐしを通し、接着する

接着

引く

輪ゴムを図のようにかける

⑤ケント紙からリングを2枚切り出し、両端をボンドで接着し、
　輪ゴムを通す穴をあける

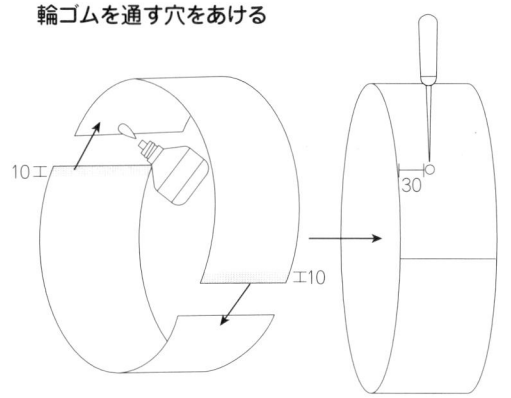

⑥各パーツを図のように接着する。
　竹ぐしはホイールキャップに接着しない

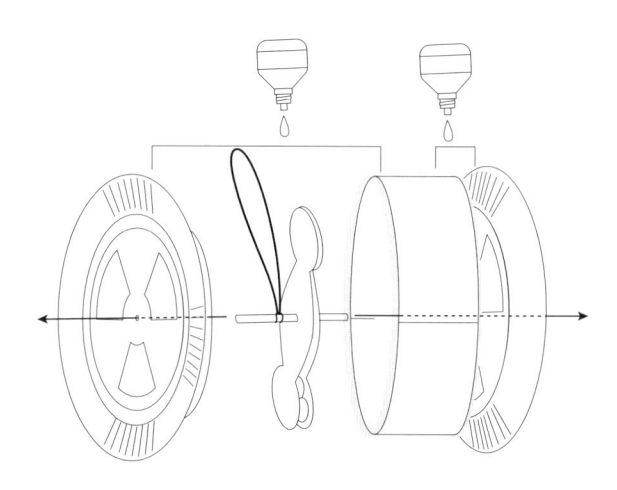

輪ゴムをかける

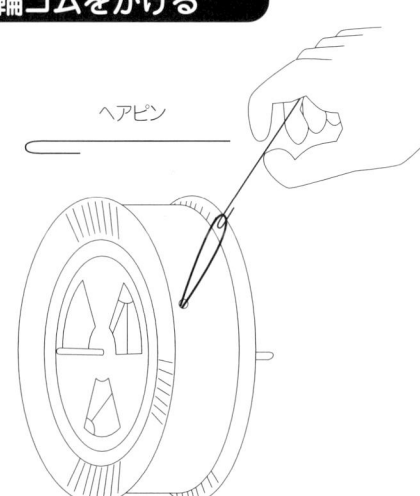

ヘアピン

⑦ヘアピンかクリップの先を図のようにして使い
　輪ゴムをリングの穴に通し、あまった竹ぐしでとめる

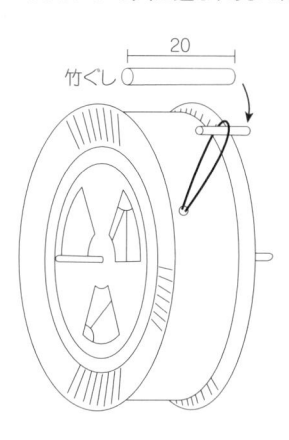

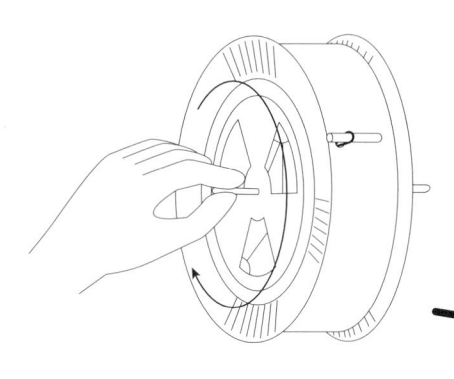

竹ぐし

★あそびかた
竹ぐしを3～4回巻いて
平らな所に置くと
一輪車がひとりでに走り出す。

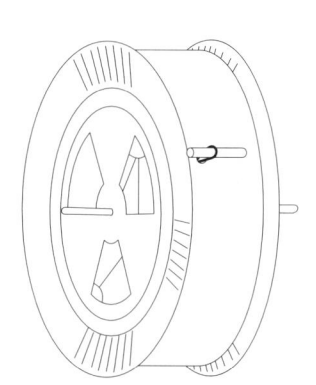

つくり方 GPレース

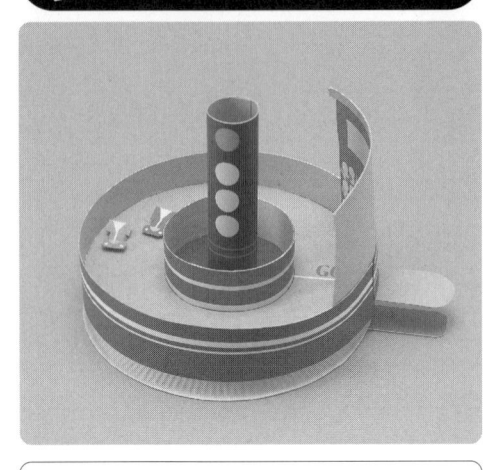

●主なパーツの寸法

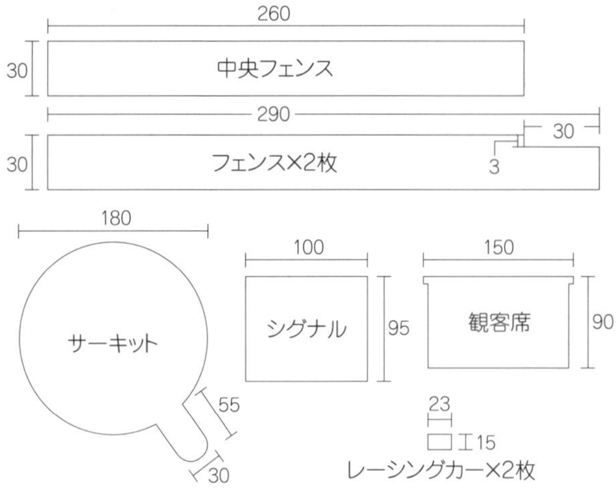

- 中央フェンス: 260 × 30
- フェンス×2枚: 290 × 30、3、30
- サーキット: 180、55、30
- シグナル: 100 × 95
- 観客席: 150 × 90
- レーシングカー×2枚: 23、15

材料 紙皿（∅180mm・2枚）／ボール紙（B4・1枚）
　　　 輪ゴム（2本）

サーキットをつくる

① ボール紙からサーキットを切り出す

② サーキットを紙皿の上に接着する

③ 紙皿の底に輪ゴムかけを切り込む
（20、65、10）

④ もうひとつの紙皿にも輪ゴムかけを切り込み、輪ゴムをかける
（65）

⑤ 紙皿の輪ゴムにサーキットの切り込みを図のようにかける

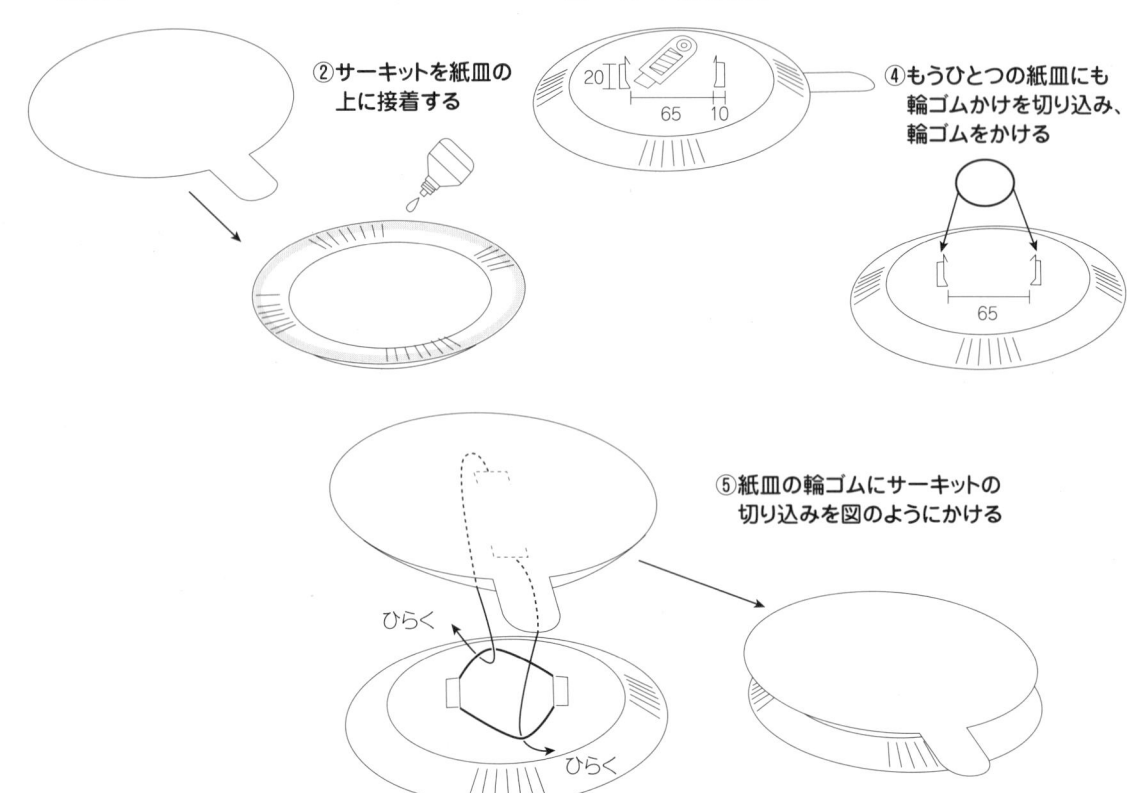

ひらく　ひらく

⑥2枚のフェンスをボンドで接着し、
　サーキットのへりに接着する。
　フェンスの幅が3ミリ狭い部分が
　サーキットの取っ手部分にくるようにする

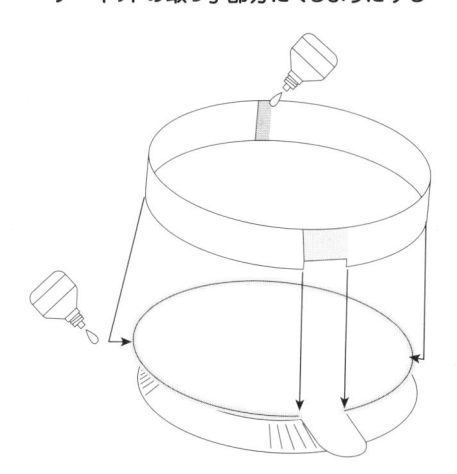

⑦シグナルと中央フェンスをボール紙から切り出し、
　10ミリののりしろでそれぞれ円柱にし、サーキットに
　接着する。観客席も切り出し、サーキットの内側の
　曲面に合わせて接着する（位置はどこでもよい）

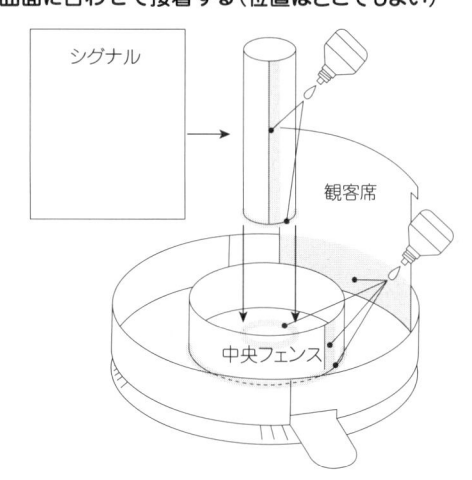

シグナル
観客席
中央フェンス

レーシングカーをつくる

⑧レーシングカーをボール紙から切り出し、
　図のように切り込みを入れて折る。
　後ろ部分は、図のように少し曲げる

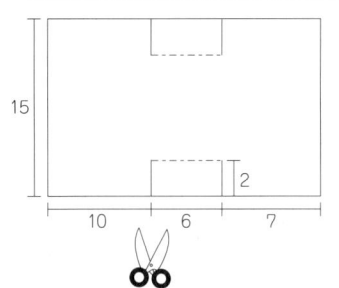

15
10　6　2　7

⑨レーシングカーや観客席、シグナルなどに
　自由に絵柄をつける

★あそびかた
　サーキットの取っ手を指で弾くと、
　2台のレーシングカーがサーキットの中を
　クルクル回りながら、競争する。

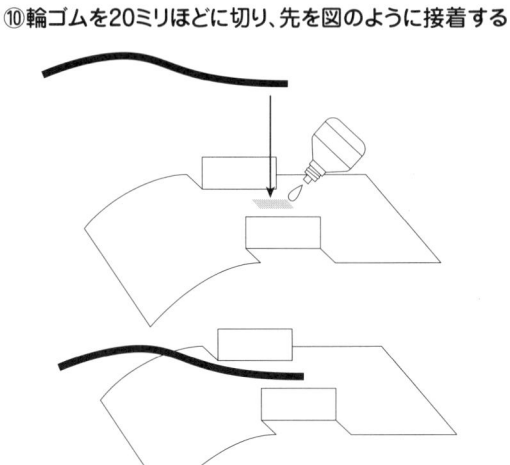

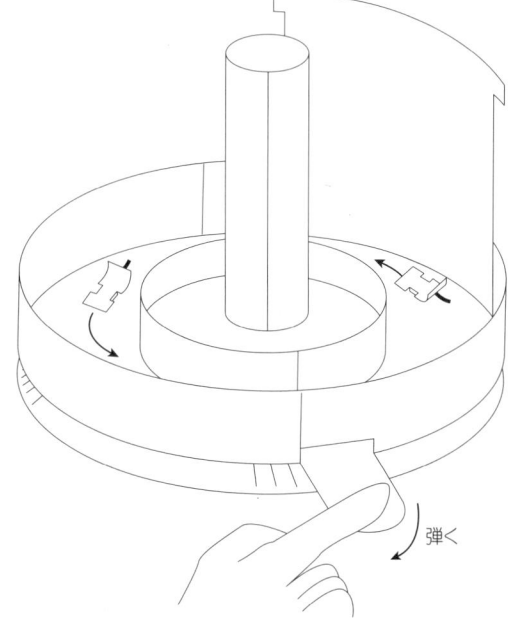

⑩輪ゴムを20ミリほどに切り、先を図のように接着する

弾く

つくり方 びっくりワニ

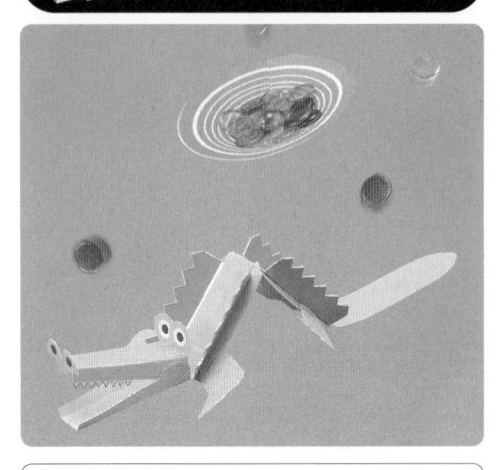

材料 ボール紙（B5・1枚）／ケント紙（B5・1枚）／輪ゴム（2本）／ビー玉（10個）

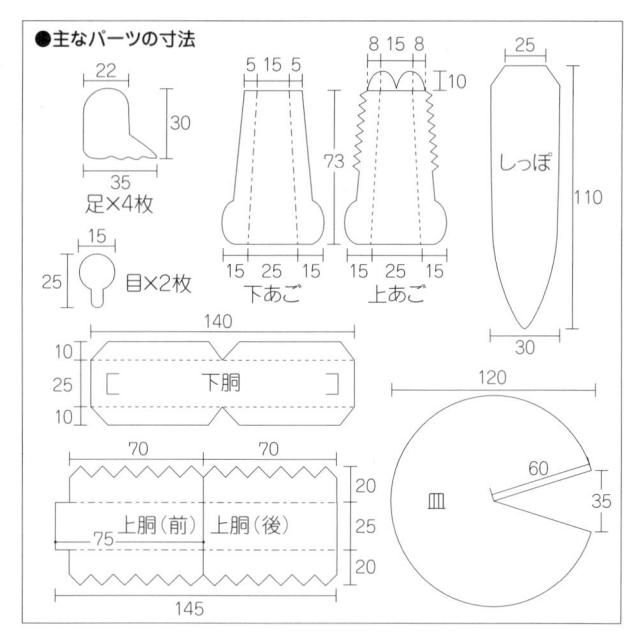

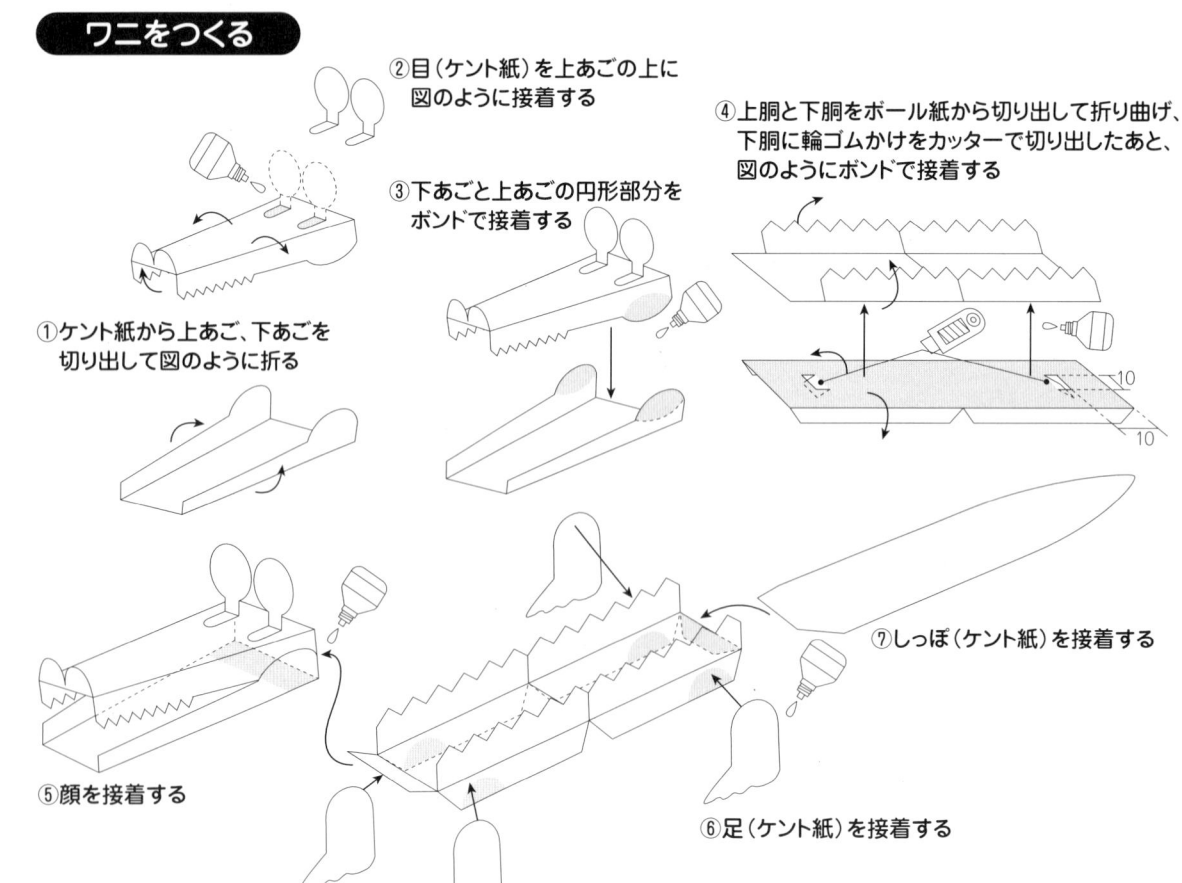

●主なパーツの寸法

- 足×4枚：22、30、35
- 目×2枚：15、25
- 下あご：5 15 5、15 25 15、73
- 上あご：8 15 8、10、15 25 15
- しっぽ：25、110、30
- 下胴：140、10、25、10
- 上胴（前）・上胴（後）：70、70、145、20、25、20、75
- 皿：120、60、35

ワニをつくる

①ケント紙から上あご、下あごを切り出して図のように折る

②目（ケント紙）を上あごの上に図のように接着する

③下あごと上あごの円形部分をボンドで接着する

④上胴と下胴をボール紙から切り出して折り曲げ、下胴に輪ゴムかけをカッターで切り出したあと、図のようにボンドで接着する

⑤顔を接着する

⑥足（ケント紙）を接着する

⑦しっぽ（ケント紙）を接着する

⑧下胴の裏の輪ゴムかけに輪ゴム2本をかける

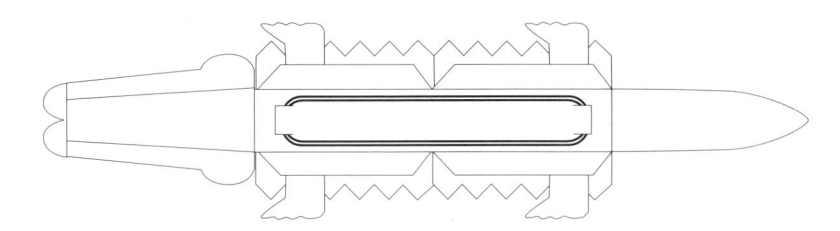

皿をつくる

⑨皿をケント紙から切り出し、円すいにして接着する

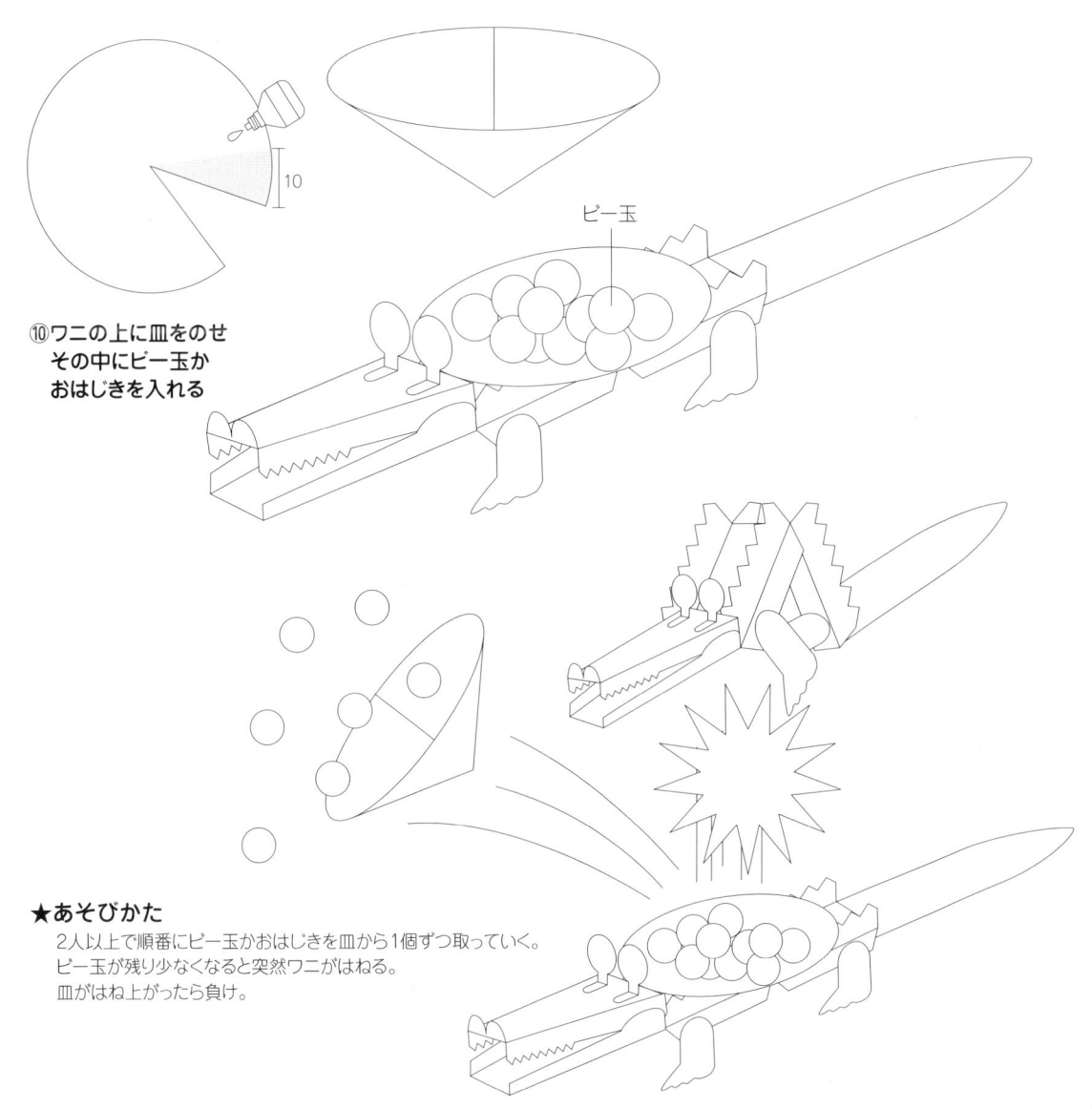

10

ビー玉

⑩ワニの上に皿をのせ
　その中にビー玉か
　おはじきを入れる

★あそびかた
　2人以上で順番にビー玉かおはじきを皿から1個ずつ取っていく。
　ビー玉が残り少なくなると突然ワニがはねる。
　皿がはね上がったら負け。

つくり方 ぴょんぴょんウサギ

●主なパーツの寸法

- 胴×2枚：110 × 70、15、20
- 後ろ足×2枚：55 × 45、15
- 前足×2枚：45 × 20

材料：ボール紙(B5・1枚)／竹ぐし(1本)／ストロー(1本)／輪ゴム(1本)／おはじき(1個)

胴と前足を組み立てる

① ボール紙から各パーツを切り出す

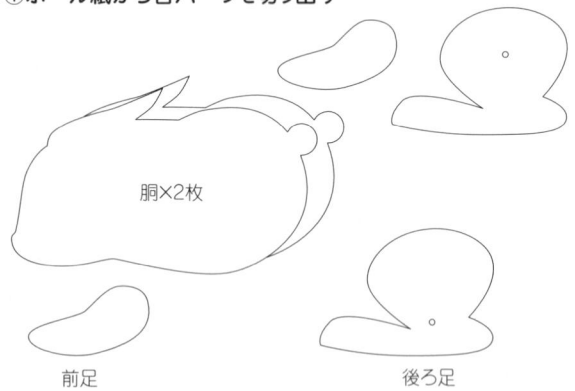

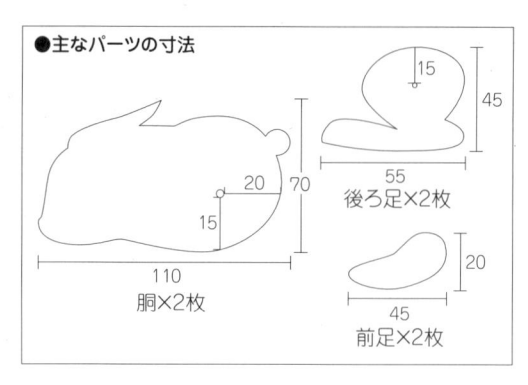

胴×2枚　前足　後ろ足

② 後ろ足を2枚重ねて千枚通しで1ミリ程度の穴をあける　15

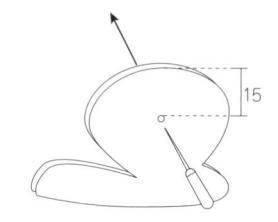

③ 胴を2枚重ねて2ミリ程度の穴をあける　20、15

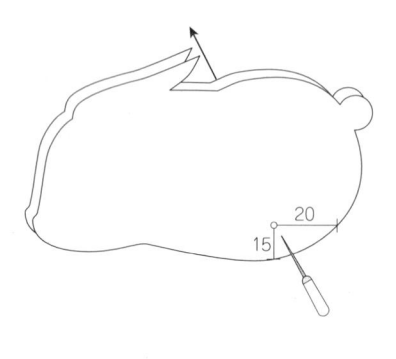

④ 顔の裏側部分にボンドをぬり接着する。その他の部分は接着しない

⑤ 顔部分におはじきをはさみ、ボンドで接着する

⑥ 前足を接着し、足の先は外側へ曲げる

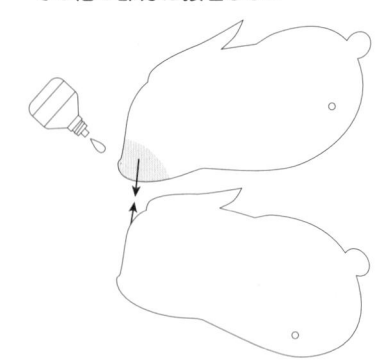

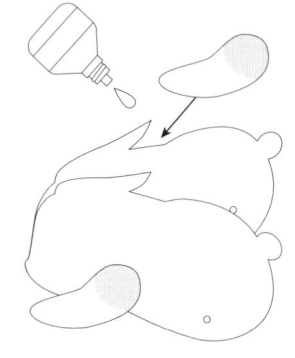

後ろ足を組み立てる

⑦後ろ足を竹ぐしの端にボンドで接着し80ミリの長さで切る

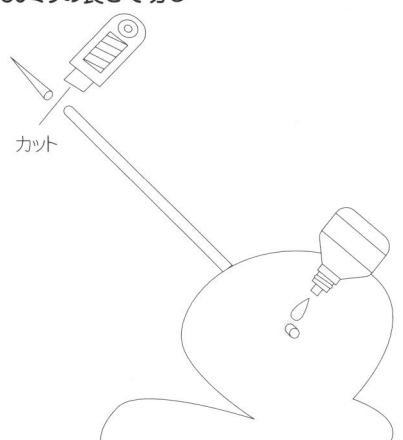

カット

⑧竹ぐしを20ミリに切ったストローと胴に通してからもうひとつの後ろ足をボンドで接着する

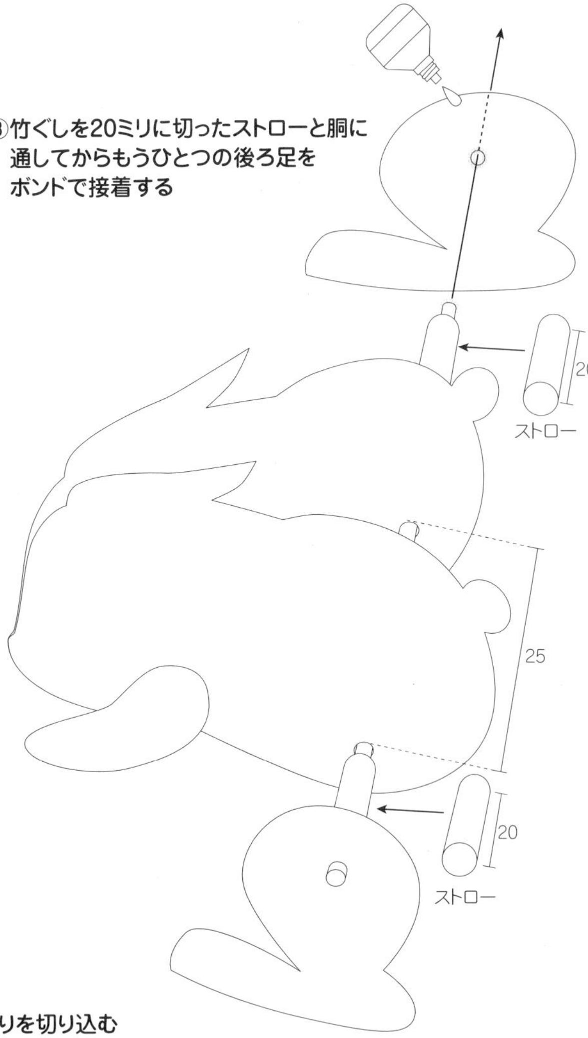

ストロー 20

25

ストロー 20

⑨輪ゴムを切ってヒモ状にする

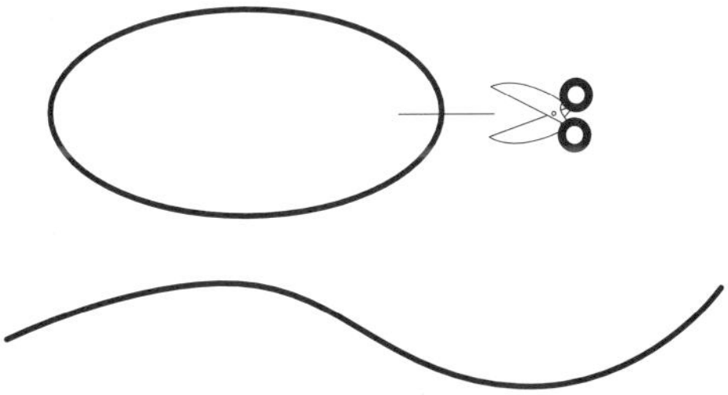

⑩耳の後ろあたりを切り込む

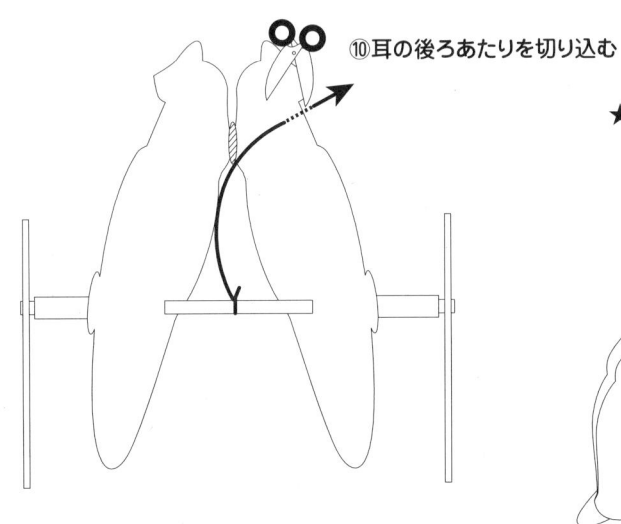

★あそびかた
後ろ足を巻いて、手を放すと
ウサギがぴょんぴょんはねながら走り出す。

⑪竹ぐしに輪ゴムを結びつけ、他方の端を胴の切り込みにかける。あとは、ウサギの絵柄を自由にかく

つくり方 ピラニアくん

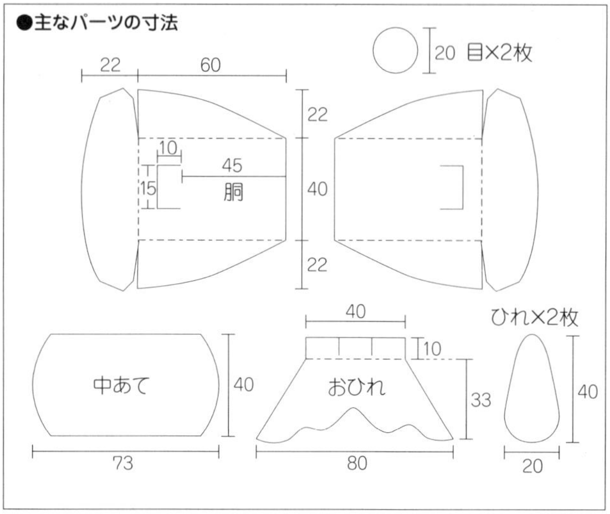

●主なパーツの寸法

胴 / 目×2枚 / 中あて / おひれ / ひれ×2枚

材料
- ボール紙（B5・1枚）／消しゴム（1個）
- 輪ゴム（1本）／タコ糸（1m）／竹ぐし（1本）

ピラニアくんのからだをつくる

① ボール紙から胴を切り出し、図のように折って接着する

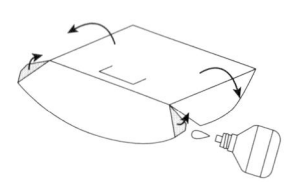

② 胴の内側に中あてを接着する

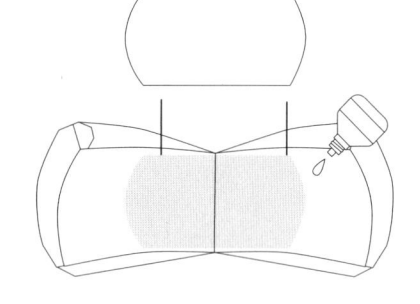

③ カッターで輪ゴムかけを切り込む

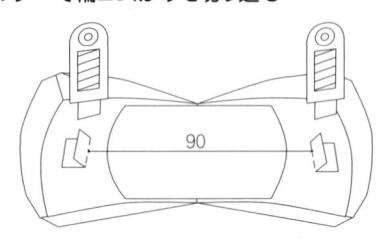

④ ピラニアくんを図のように折り曲げる

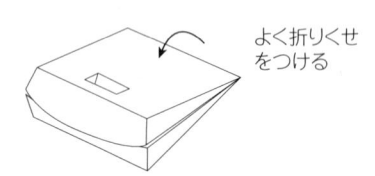

よく折りくせをつける

⑤ 輪ゴムを二重にして切り込みにかける

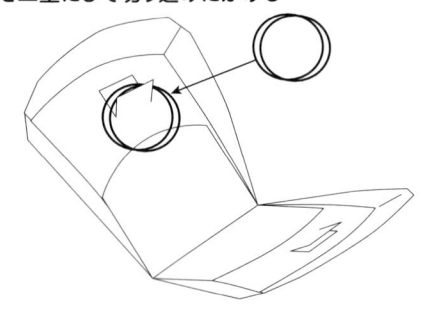

⑥ 切り込みをセロハンテープでとめ、輪ゴムをひっぱって他方の切り込みにかけ、同じようにセロハンテープでとめる

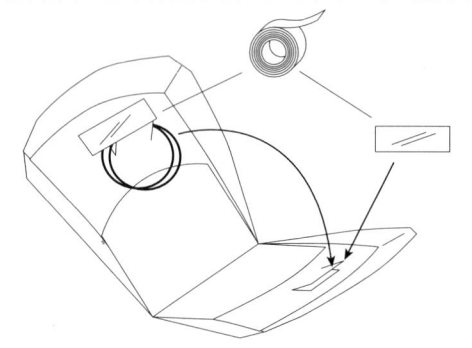

その他のパーツを組み立てる

⑦おひれを切り出し、切り込みを図のように折る。よく折りくせをつける

⑧胴の折り目におひれをはさみ込み、ボンドで接着する

⑨目とひれをボンドで接着する

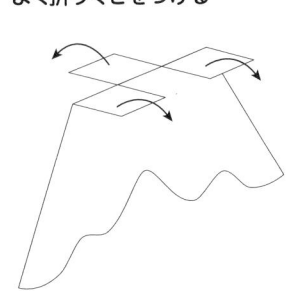

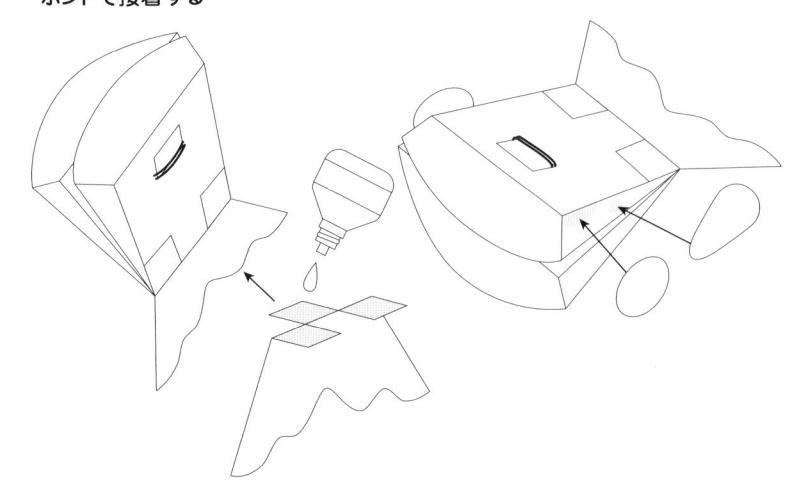

つりざおをつくる

⑩竹ぐしの先にタコ糸を結び、糸の先端に消しゴムを結びつける

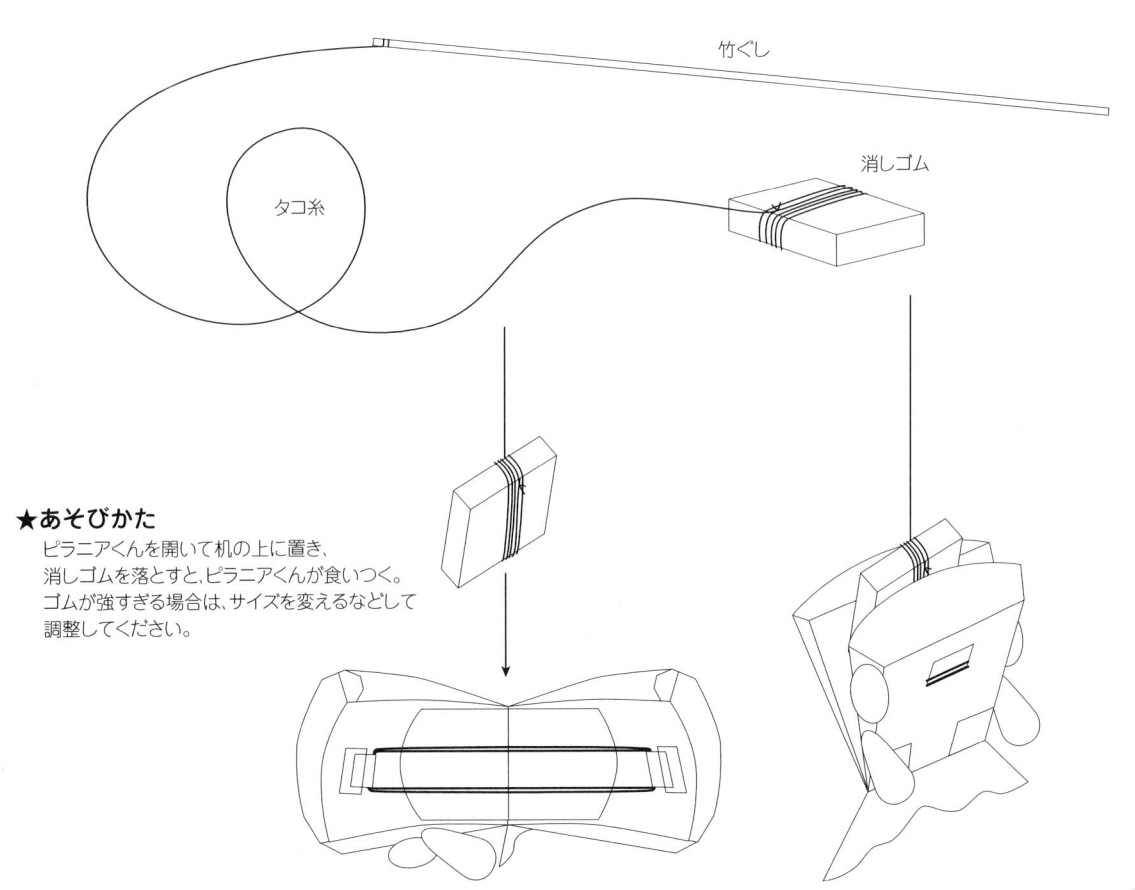

竹ぐし

タコ糸

消しゴム

★**あそびかた**
ピラニアくんを開いて机の上に置き、消しゴムを落とすと、ピラニアくんが食いつく。ゴムが強すぎる場合は、サイズを変えるなどして調整してください。

つくり方 トスバッティングマシーン

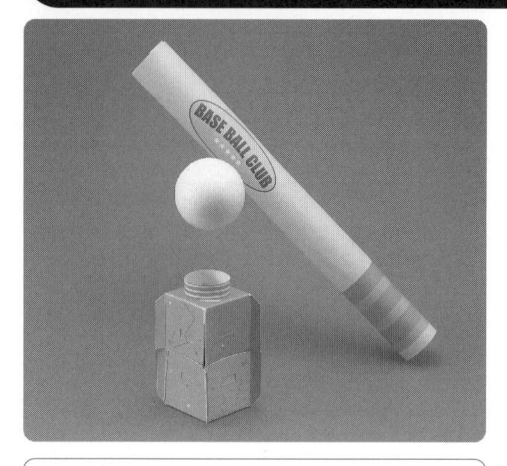

●主なパーツの寸法

トスマシーン×2枚
蝶番×4枚
ボール置き

- 材料 ボール紙（B4・1枚）／ケント紙（B5・1枚）
- 材料 輪ゴム（4本）／スチロール玉（1個）

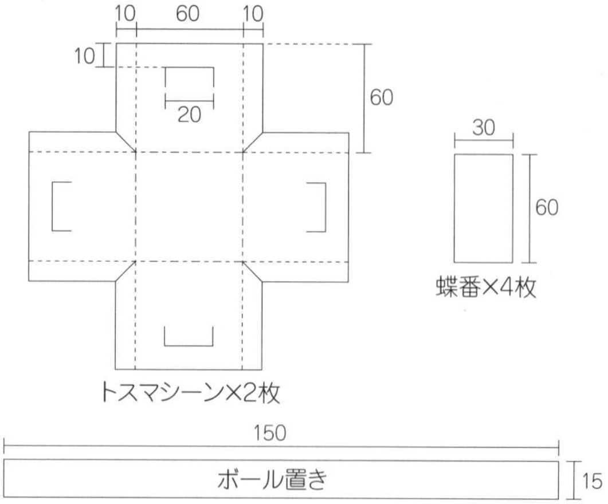

トスマシーンをつくる

①ボール紙からトスマシーンを2枚切り出す

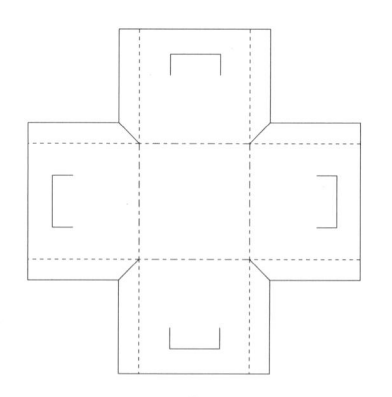

②図のように折り曲げ、輪ゴムかけをカッターで切り出す

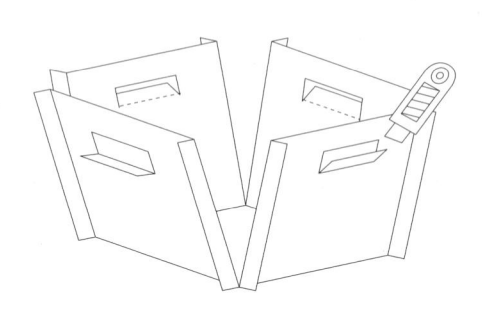

③輪ゴムを図のようにかけ、切り込みを裏からセロハンテープでふさぐ

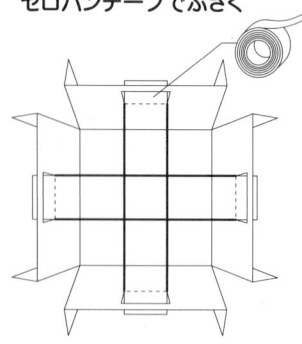

④同様にもうひとつトスマシーンをつくる

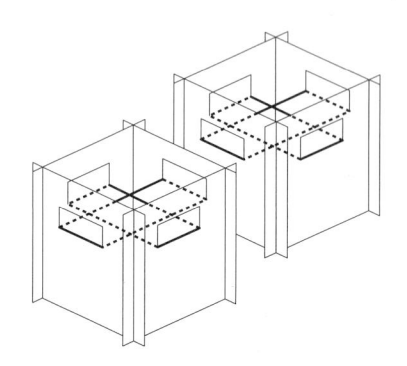

⑤蝶番をボール紙から切り出し、図のようにトスマシーンの内側に接着する

⑥もうひとつのトスマシーンの内側を図のように蝶番に接着する　⑦ボール置きを切り出し、リング状にして接着する

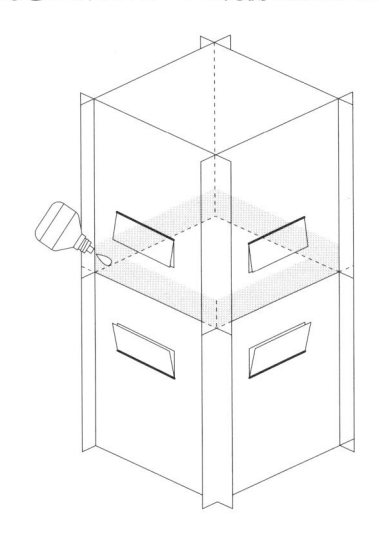

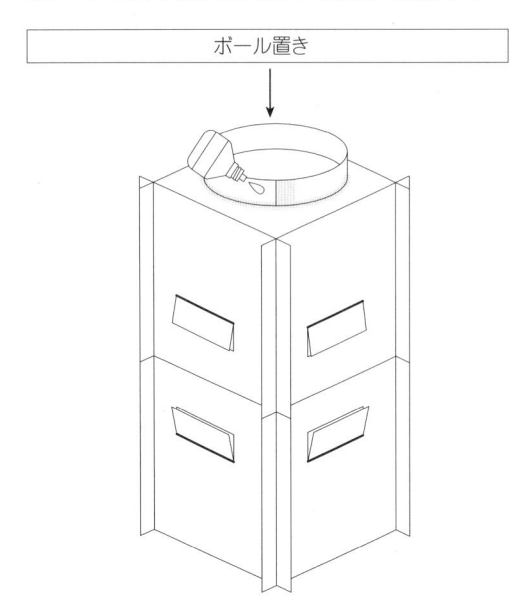

ボール置き

バットをつくる

⑧ケント紙をそのままるめてバットをつくる

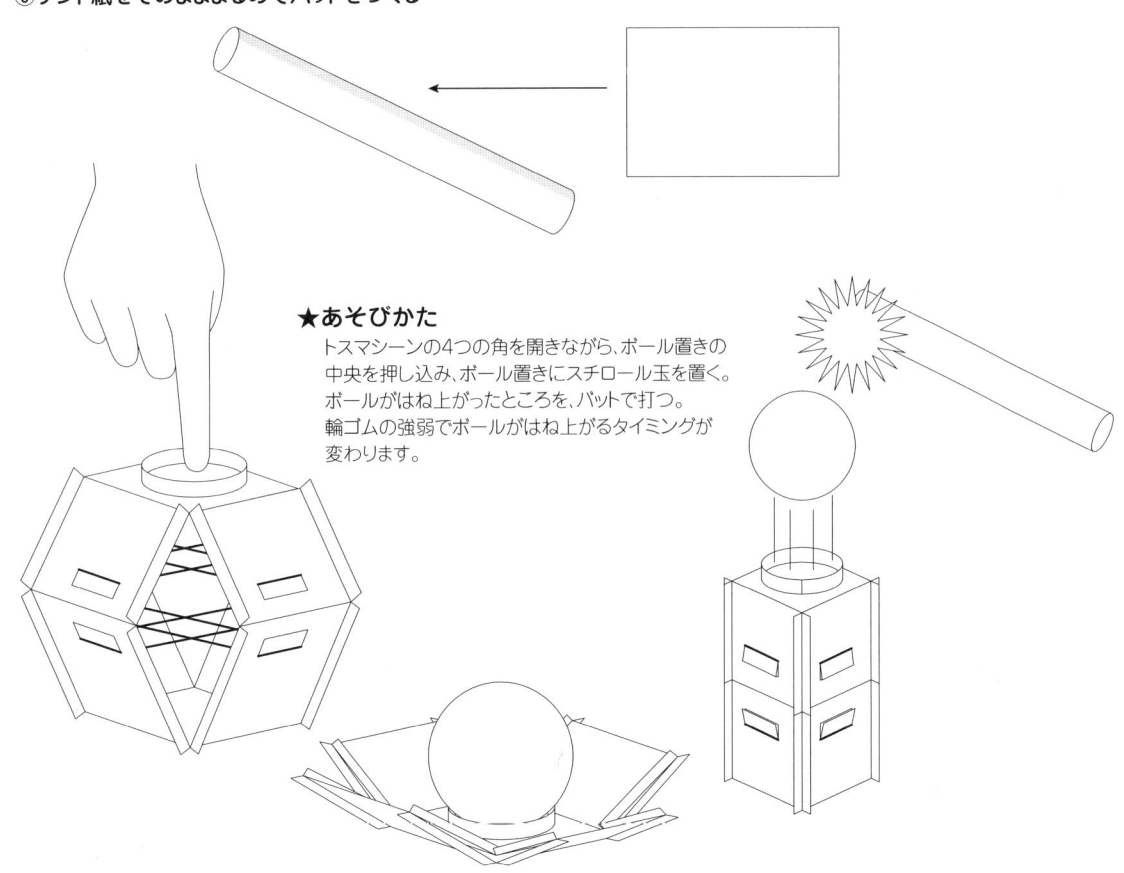

★**あそびかた**
トスマシーンの4つの角を開きながら、ボール置きの中央を押し込み、ボール置きにスチロール玉を置く。ボールがはね上がったところを、バットで打つ。
輪ゴムの強弱でボールがはね上がるタイミングが変わります。

つくり方 紙コプター

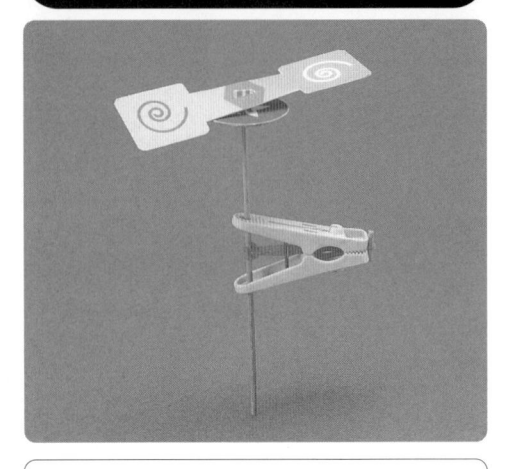

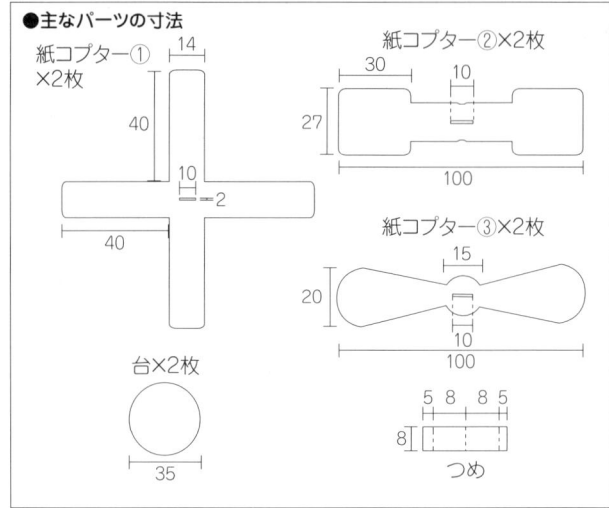

● 主なパーツの寸法

紙コプター①×2枚
14, 40, 10, 2, 40

紙コプター②×2枚
30, 10, 27, 100

紙コプター③×2枚
15, 20, 10, 100

台×2枚
35

つめ
5, 8, 8, 5, 8

材料
- ケント紙（B5・1枚）／竹ぐし（1本）
- 輪ゴム（1本）／洗濯バサミ（1個）

紙コプターをつくる

① 紙コプター①をケント紙から2枚切り出し、ボンドで接着する

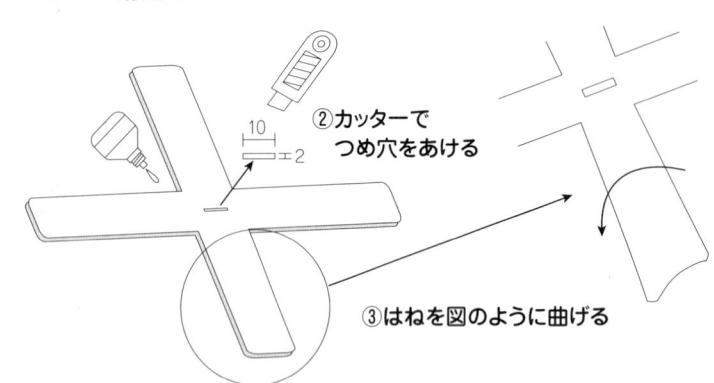

② カッターでつめ穴をあける

③ はねを図のように曲げる

④ 4枚の羽根を同様に曲げる

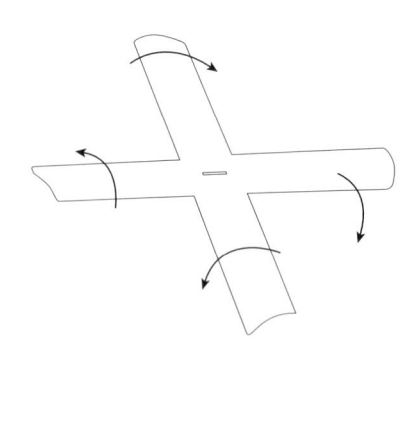

⑤ 紙コプター②をケント紙から2枚切り出し、ボンドで接着する

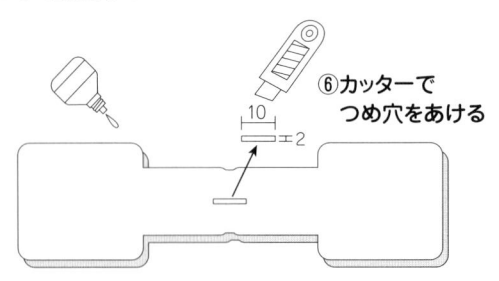

⑥ カッターでつめ穴をあける

⑦ はねを図のように曲げる

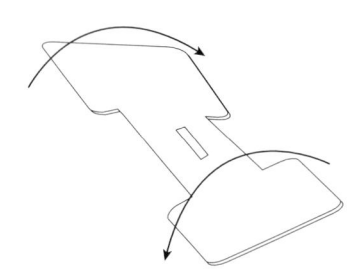

⑧紙コプター③をケント紙から2枚切り出し、ボンドで接着する

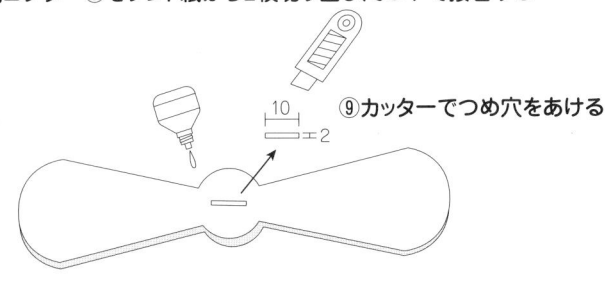

⑩はねを図のように曲げる

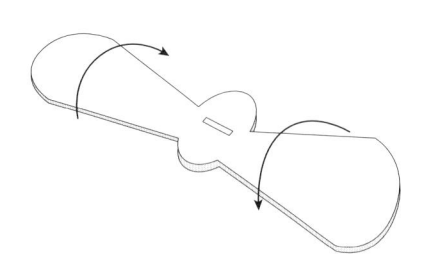

⑨カッターでつめ穴をあける

発射台をつくる

⑪つめをケント紙から切り出し、図のように折る

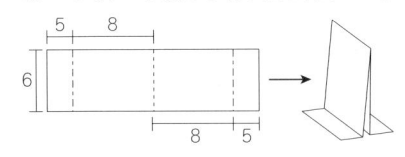

⑫ケント紙から台2枚を切り出して接着し、中央に1ミリの穴をあける

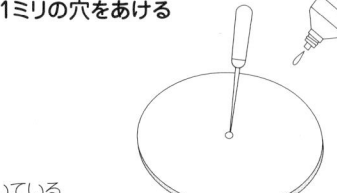

⑬台の穴に竹ぐしを通し、竹ぐしの先と台にボンドをつけ、つめを竹ぐしの先にかぶせて台に接着する

⑭洗濯バサミを竹ぐしに図のように通す

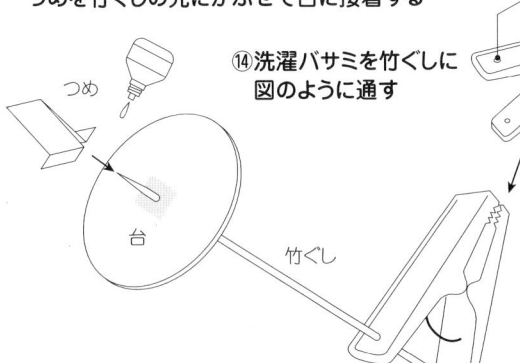

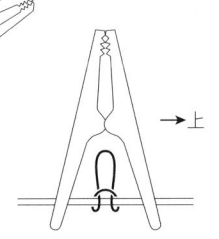

ここに穴があいている洗濯バサミを使う

⑮輪ゴムを図のように通す

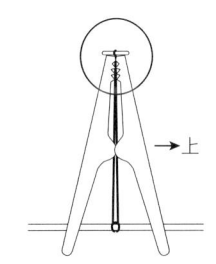

⑯10ミリほどの竹ぐしを切り取って輪ゴムの先に通してストッパーにする

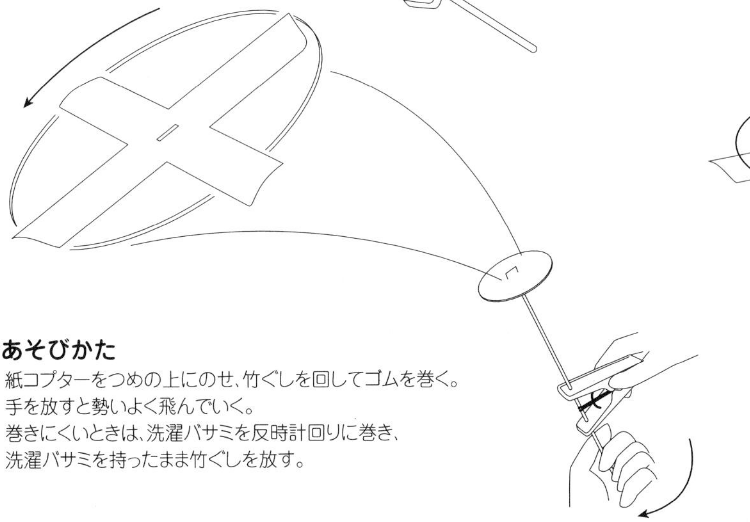

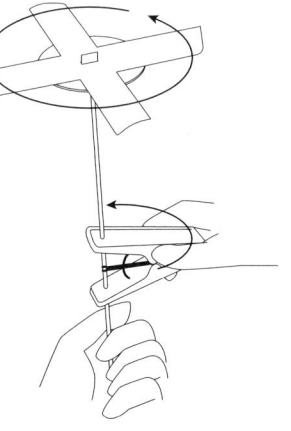

★あそびかた
紙コプターをつめの上にのせ、竹ぐしを回してゴムを巻く。
手を放すと勢いよく飛んでいく。
巻きにくいときは、洗濯バサミを反時計回りに巻き、
洗濯バサミを持ったまま竹ぐしを放す。

つくり方 ドッカン砲

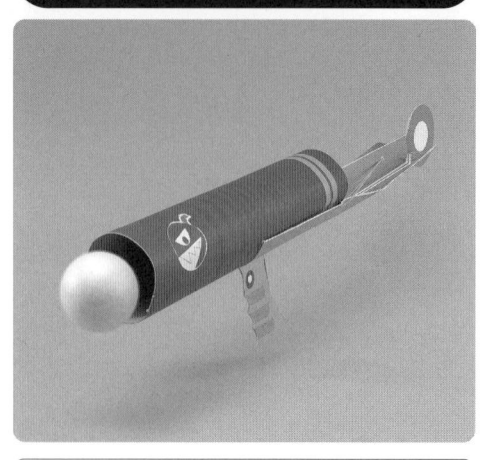

●主なパーツの寸法

グリップ×2枚：50 / 10工 / 110 / 25 / 70
引き金×2枚：25 / 300 / 70
台座：90 / 364

材料　ボール紙（B4・3枚）／紙コップ（1個）
　　　　輪ゴム（4本）／スチロール玉（⌀50mm）

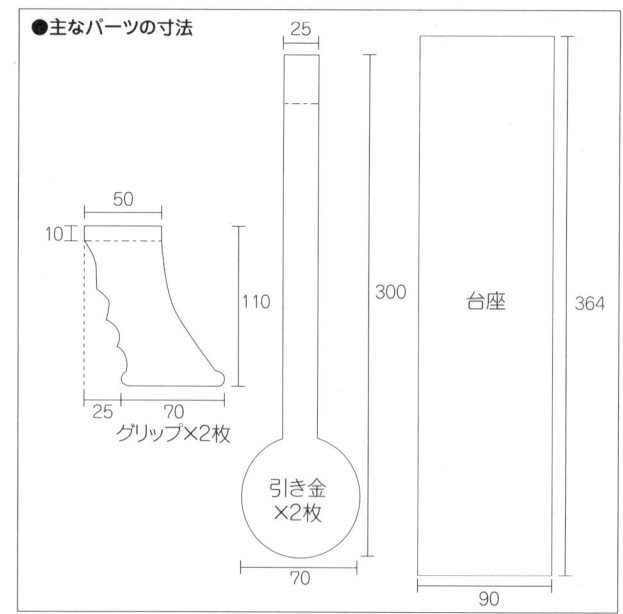

発射機をつくる

① グリップ2枚を切り出し接着する。上部は10ミリ外側に折り曲げる

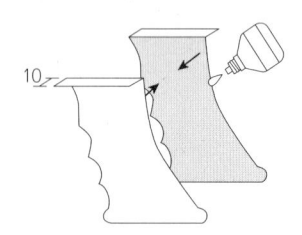

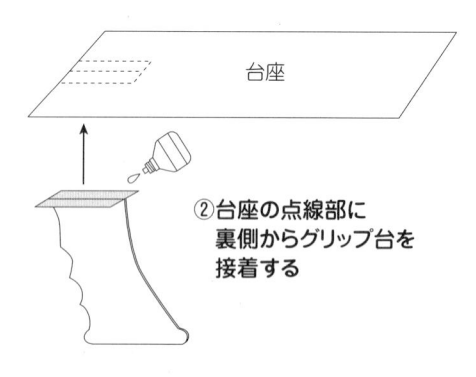

② 台座の点線部に裏側からグリップ台を接着する

③ 引き金を2枚切り出し、接着する（20）

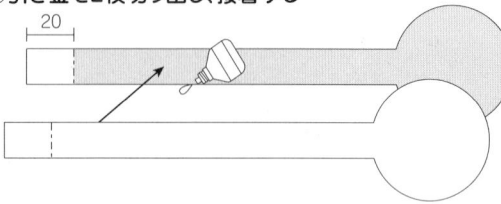

④ 引き金の先端を開いて紙コップの底に接着する（紙コップ／20）

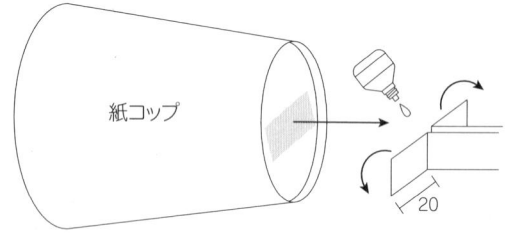

⑤ 引き金の取っ手から60ミリの部分に穴をあけ、円形部分に三角状の切り込みを入れる（60／8）

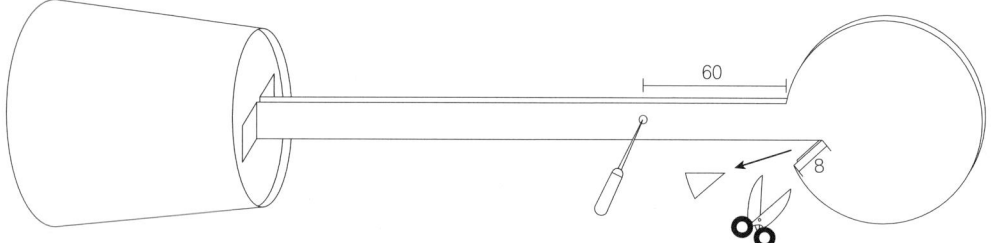

大砲をつくる

⑥ もう1枚のボール紙（B4）をそのまま使って、紙コップの直径より
やや大き目の筒をつくり、あまった部分を重ねて接着する

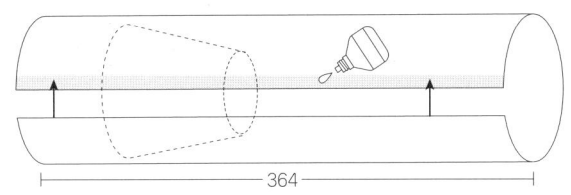

364

⑦ 台座を筒の曲面に合わせて曲げ、図のように170ミリ重ねて接着する

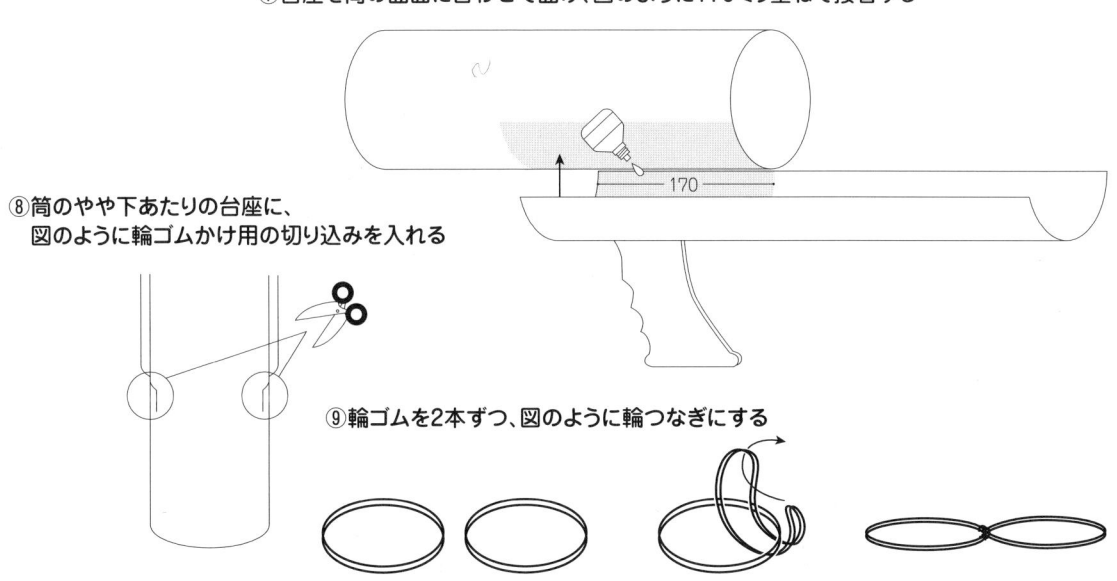

170

⑧ 筒のやや下あたりの台座に、
図のように輪ゴムかけ用の切り込みを入れる

⑨ 輪ゴムを2本ずつ、図のように輪つなぎにする

⑩ 引き金の穴に輪ゴムを通し、台座の両方の切り込みに輪ゴムをかける

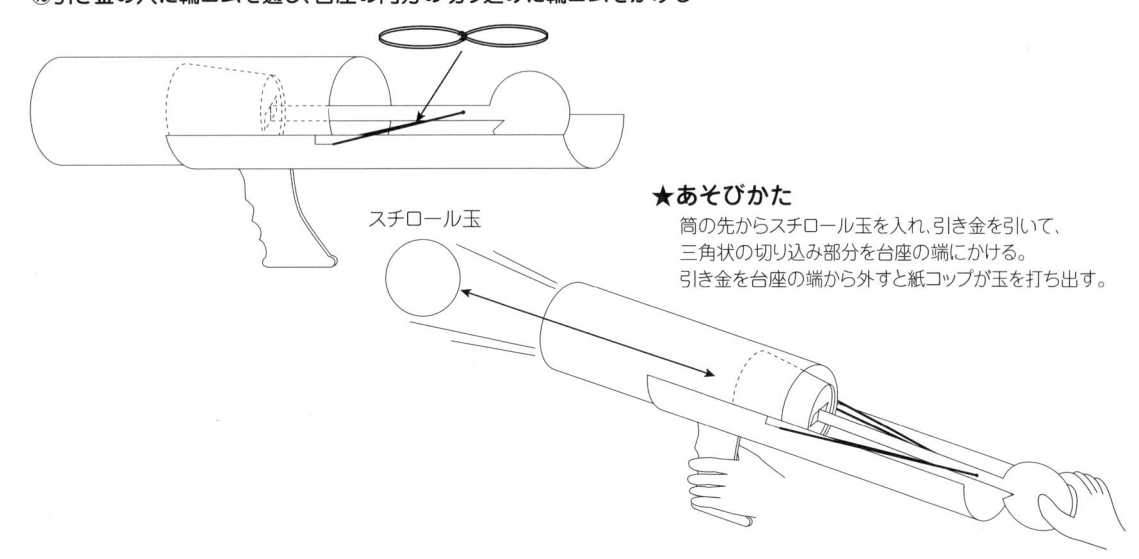

スチロール玉

★あそびかた
筒の先からスチロール玉を入れ、引き金を引いて、
三角状の切り込み部分を台座の端にかける。
引き金を台座の端から外すと紙コップが玉を打ち出す。

つくり方 ゴムボーガン

●主なパーツの寸法

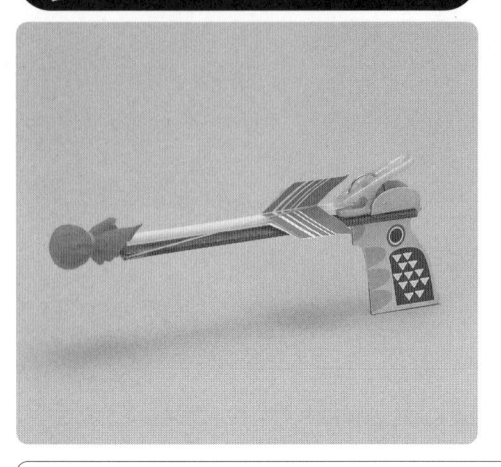

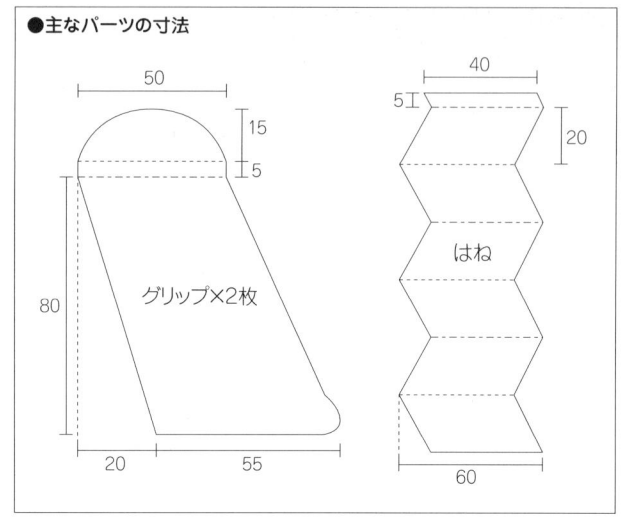

グリップ×2枚: 50, 15, 5, 80, 20, 55
はね: 40, 5, 20, 60

材料 ボール紙(B5・1枚)／割りばし(1本)／ストロー(1本)／洗濯バサミ(1個)
輪ゴム(2本)／フェルト(10cm×10cm)／ティッシュペーパー(2〜3枚)

発射台をつくる

①グリップ2枚をボール紙から切り出し、図のように折り、ボンドで接着する

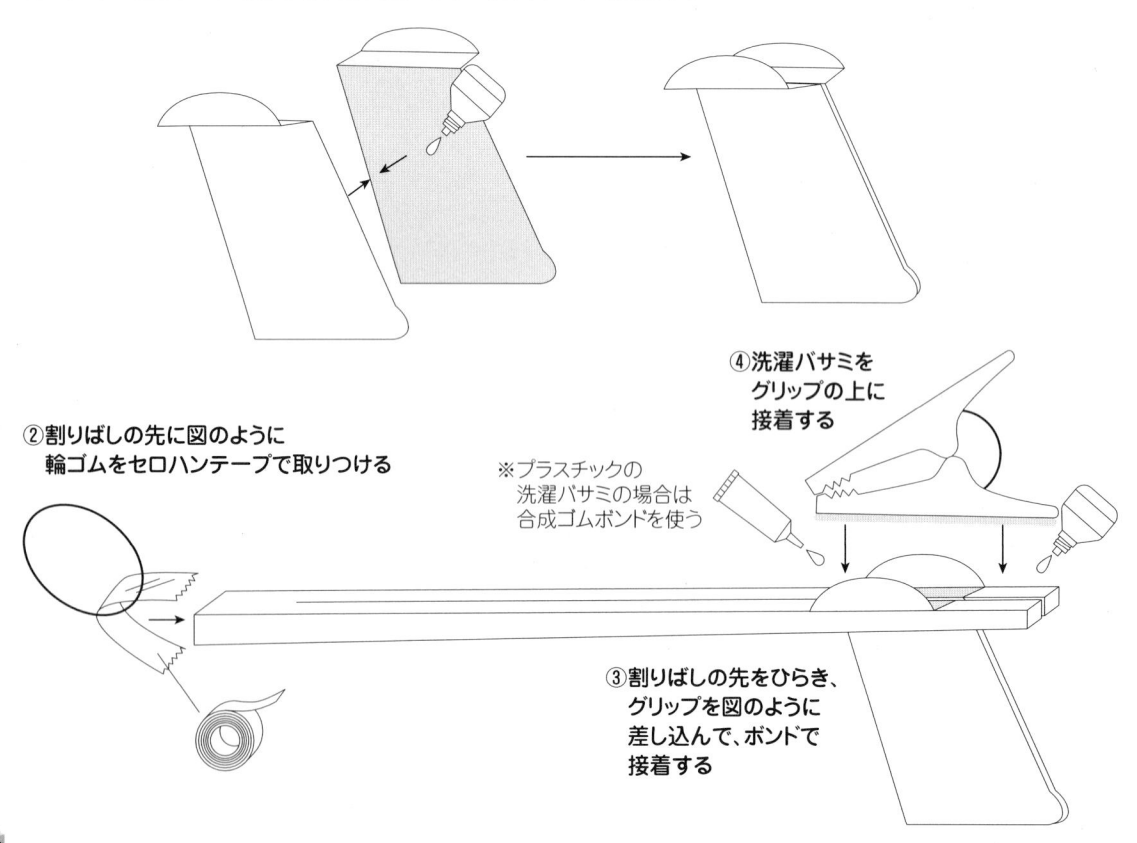

②割りばしの先に図のように輪ゴムをセロハンテープで取りつける

※プラスチックの洗濯バサミの場合は合成ゴムボンドを使う

③割りばしの先をひらき、グリップを図のように差し込んで、ボンドで接着する

④洗濯バサミをグリップの上に接着する

矢をつくる

⑤はねを図のように折り、ボンドで接着する

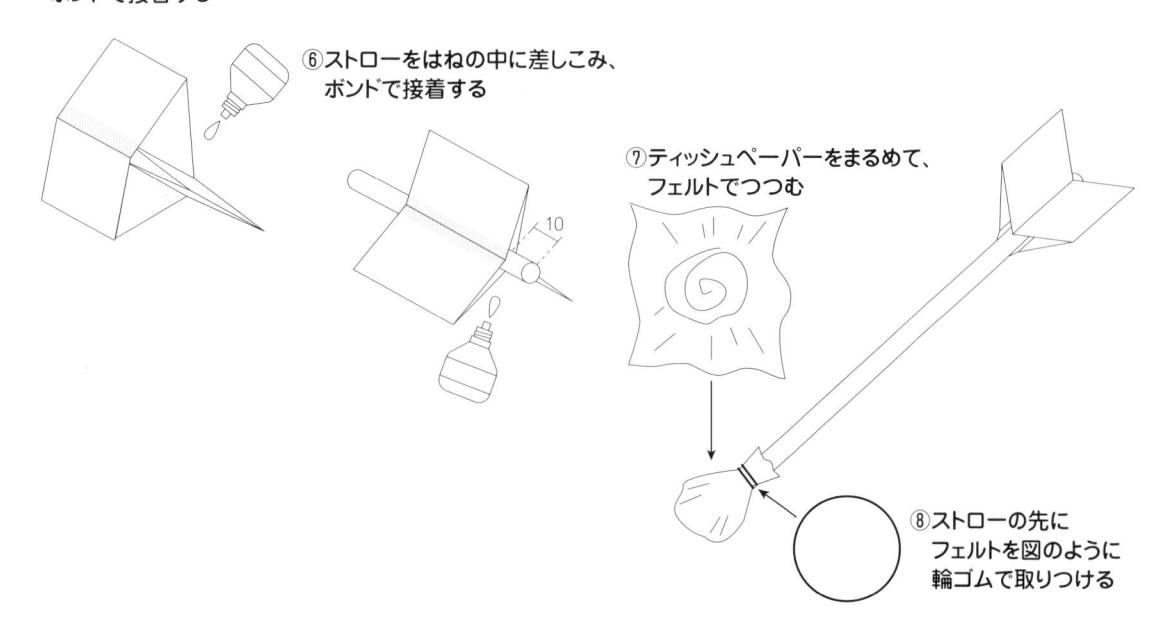

⑥ストローをはねの中に差しこみ、ボンドで接着する

⑦ティッシュペーパーをまるめて、フェルトでつつむ

⑧ストローの先にフェルトを図のように輪ゴムで取りつける

⑨輪ゴムをはねの付け根にかけ、ストローの後ろを洗濯バサミではさんで固定する

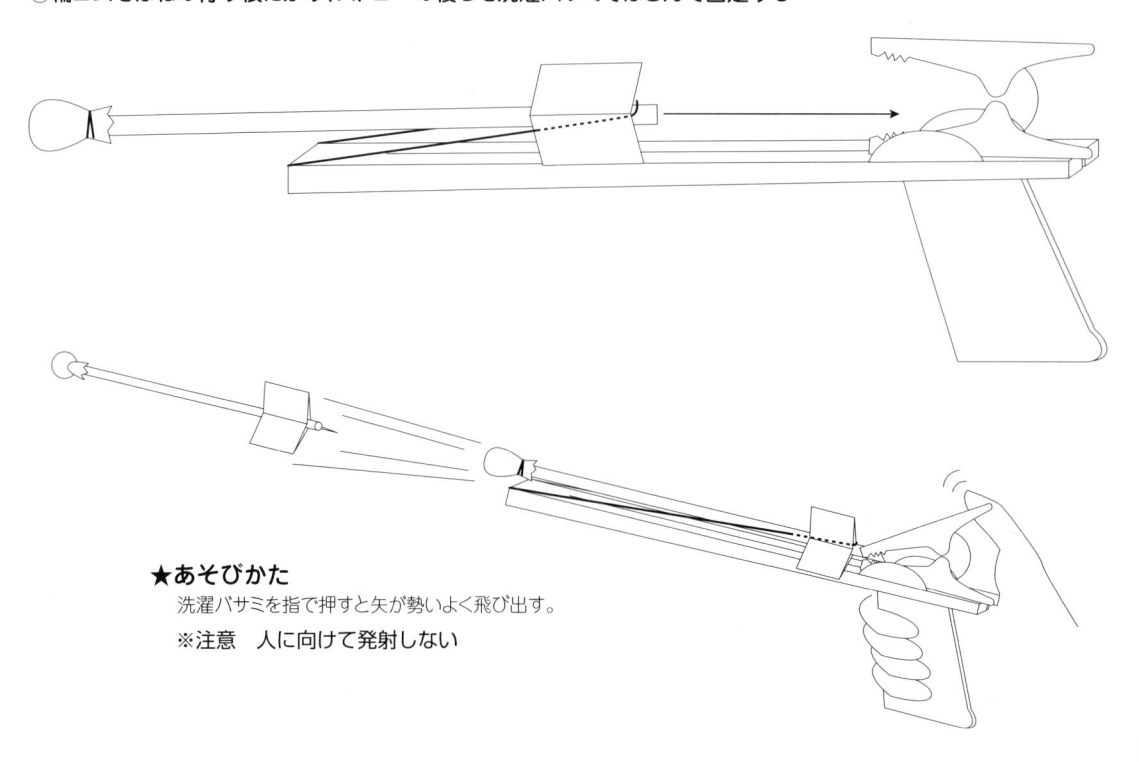

★あそびかた

洗濯バサミを指で押すと矢が勢いよく飛び出す。

※注意　人に向けて発射しない

つくり方 テーブルゴルフ

● 主なパーツの寸法

- グリーン：直径100、中央の円 30
- 立ち木（形は自由に）2～4本：120
- 立ち木の台座：50
- ゴルファー（形は自由に）：140
- ガイド×2枚：10、50、40
- 台座：50×50
- ヘッド：45×30
- 旗：25、12
- バンカー（形は自由に）
- 打ち出しレバー：40、110、140

材：ケント紙（B4・1枚）／紙皿（∅180mm・1枚）
料：竹ぐし（1本）／ピンポン玉（1個）／輪ゴム（1本）

打ち出し機をつくる

①ガイドをケント紙から2枚切り出し図のように四角の棒を2本つくる

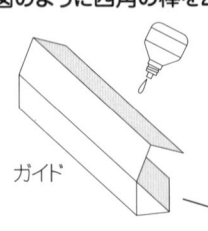

②ケント紙から台座を切り出し、3ミリのすきまをあけてガイドを台座に接着する

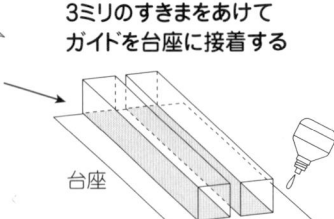

③打ち出しレバーを折ってボンドで接着する。先は接着しない

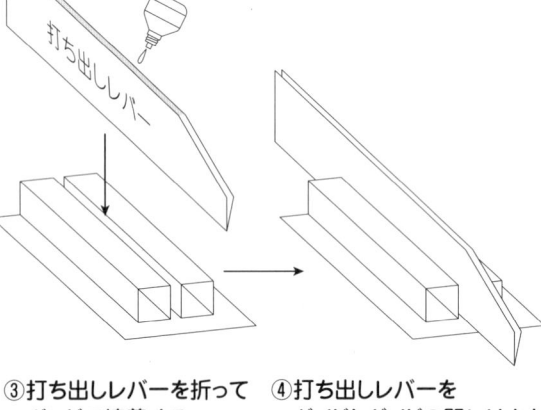

④打ち出しレバーをガイドとガイドの間にはさむ

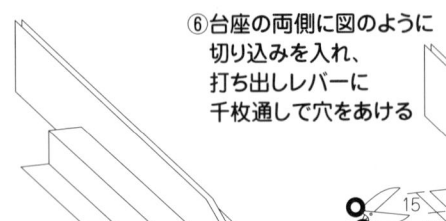

⑤打ち出しレバーの先端を図のように折り、ヘッドをやや曲げて接着する

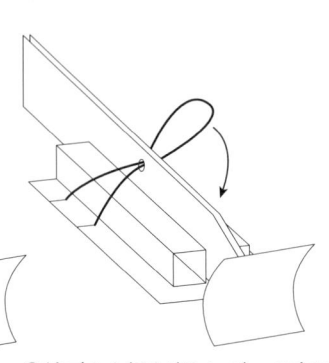

⑥台座の両側に図のように切り込みを入れ、打ち出しレバーに千枚通しで穴をあける

⑦輪ゴムを打ち出しレバーの穴に通して図のように台座の切り込みにかける

グリーンその他をつくる

⑧グリーンをケント紙から切り出し紙皿の裏に接着する

グリーン

⑨グリーンのホールをカッターで切り抜く

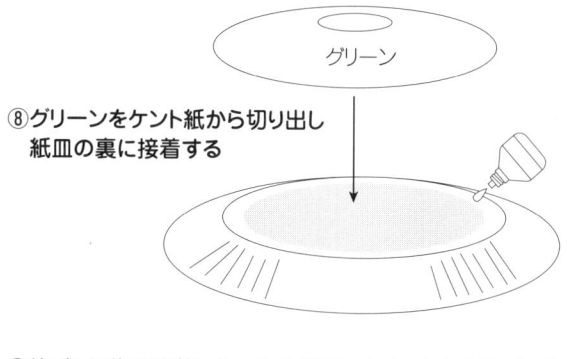

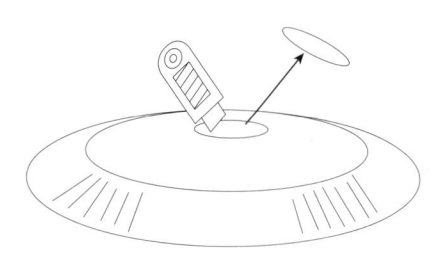

⑩竹ぐしに旗を接着しホールの後ろにさす。立ち木やバンカーは適当につくる

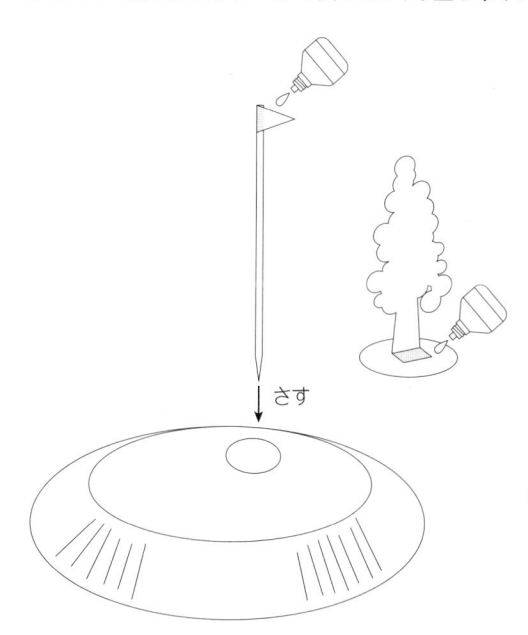

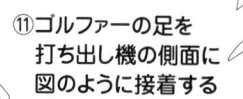

さす

⑪ゴルファーの足を打ち出し機の側面に図のように接着する

★あそびかた
　打ち出し機のヘッドにピンポン玉を合わせ、
　レバーを引いて放すと玉が飛ぶ。
　ピンポン玉を少ない回数で、
　グリーンのホールに入れた人が勝ち。

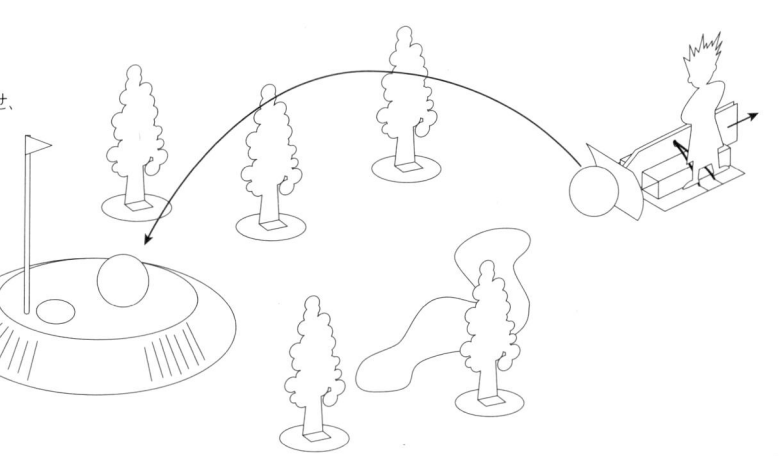

つくり方 よちよちペンギン

● 主なパーツの寸法

胴 125 / ささえ×2枚 / 頭×2枚 / 三角足×2枚 / はね×2枚

- 材料
  - ボール紙（B4・1枚）／輪ゴム（1本）
  - 竹ぐし（1本）／ストロー（1本）

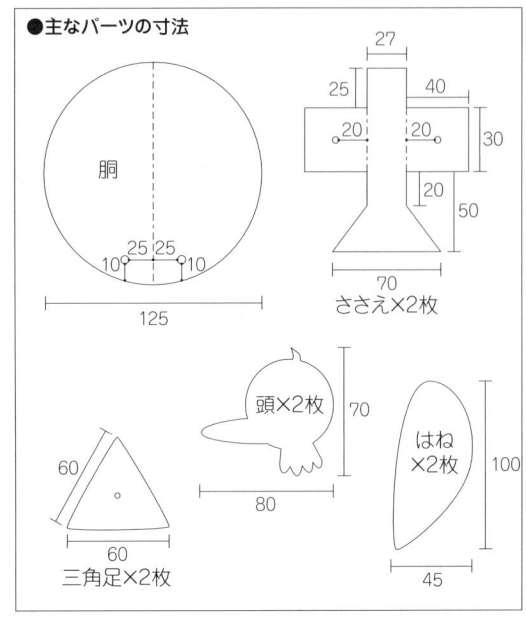

三角足を取り付ける

① ささえを2枚ボール紙から切り出し、ボンドで接着する

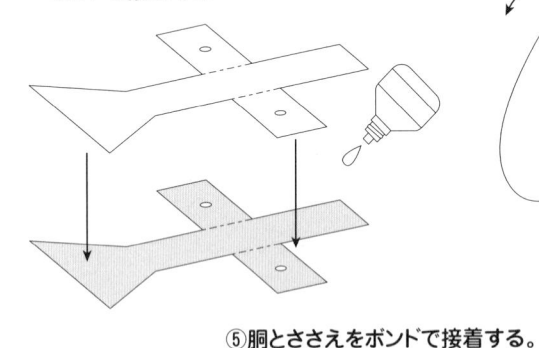

② 胴の中央を折り、軸穴を千枚通しであける

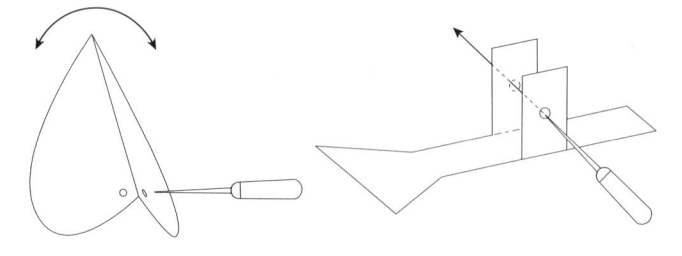

③ ささえを図のように折り、軸穴を千枚通しであける

④ 竹ぐしの先をカッターで切って130ミリぐらいの長さにし、軸穴に図のように通す

⑤ 胴とささえをボンドで接着する。ささえは少しひねる感じになる

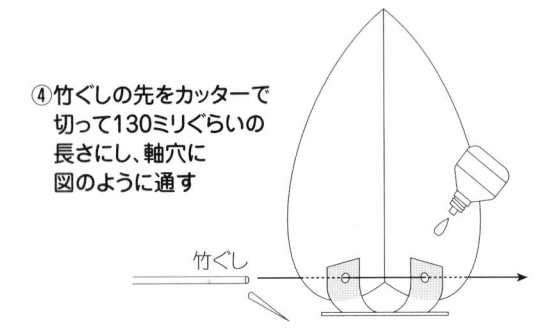

⑥ 竹ぐしにストローを通し、その先に三角足をさしこみボンドで接着する。一方の竹ぐしは巻きやすいように長めに出しておく

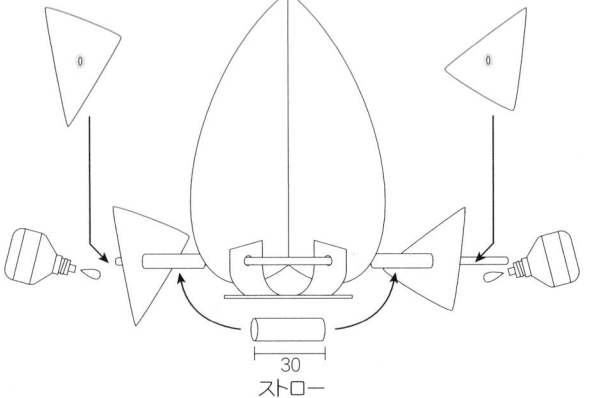

三角足の位置

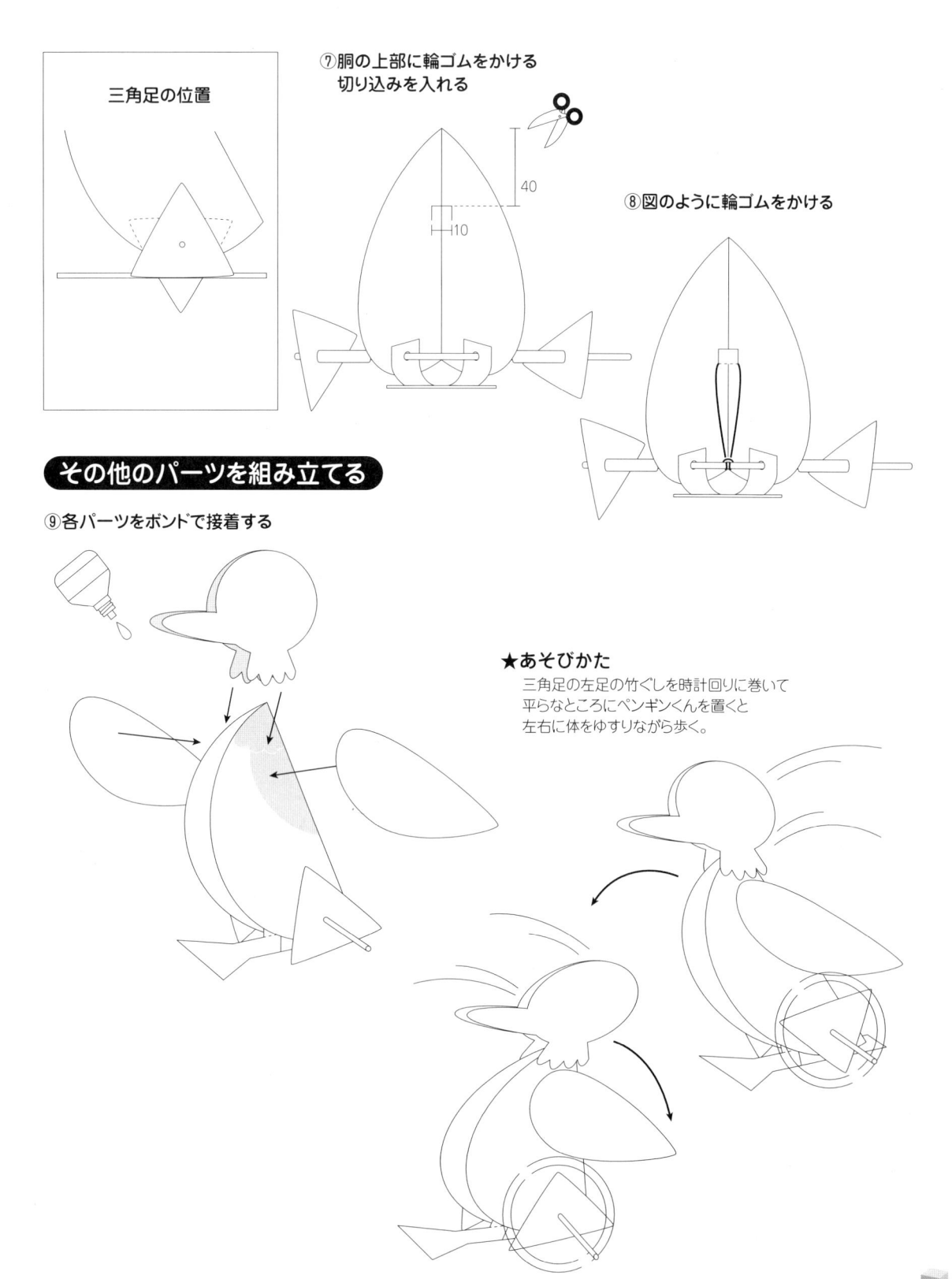

⑦胴の上部に輪ゴムをかける
　切り込みを入れる

40
10

⑧図のように輪ゴムをかける

その他のパーツを組み立てる

⑨各パーツをボンドで接着する

★あそびかた
三角足の左足の竹ぐしを時計回りに巻いて
平らなところにペンギンくんを置くと
左右に体をゆすりながら歩く。

つくり方 おくんちドラゴン

●主なパーツの寸法

- ひげ 2本
- 尾 220 / 50 / 110
- うろこ 18枚程度 45×40
- 前足 ×2枚 100×90
- 後ろ足 ×2枚 120×65

材料
画用紙（B4・2枚）／ボール紙（B4・1枚）
紙皿（Ø180mm・1枚）／紙コップ（8個）／輪ゴム（7本）

ドラゴンをつくる

①図の寸法に紙皿を折る（65）

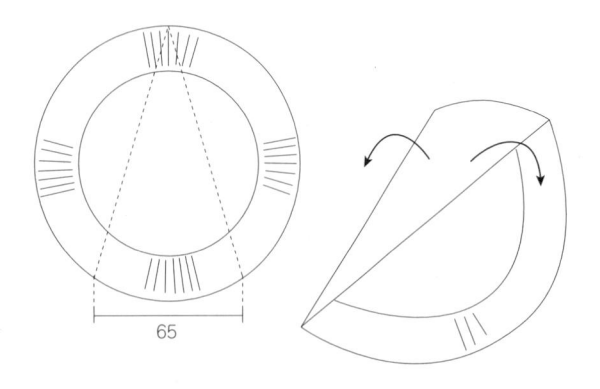

②紙コップの底のふちをハサミで切り込む（20 / 工5）

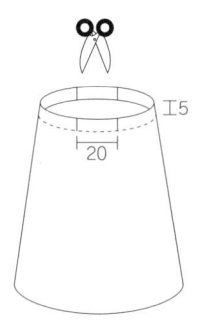

③ふちを図のように折り返す

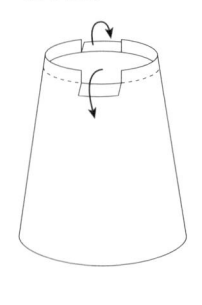

④紙コップの口を図のようにハサミで切り込む（20 / 10）

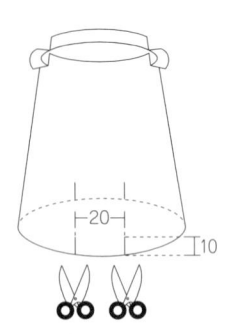

⑤切り込みを図のように折り返す

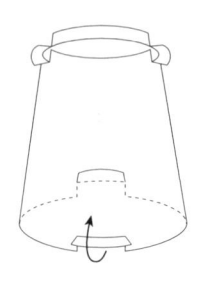

⑥8個の紙コップを同じようにつくる。
1個だけは、底の切り込みはなし。
1個だけは、口の切り込みはなし

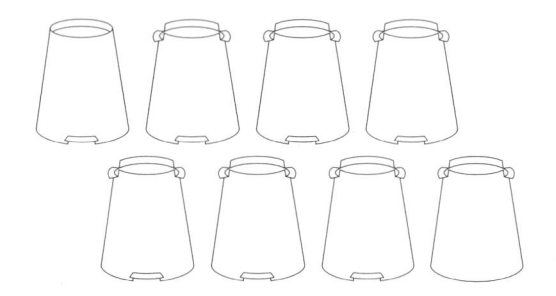

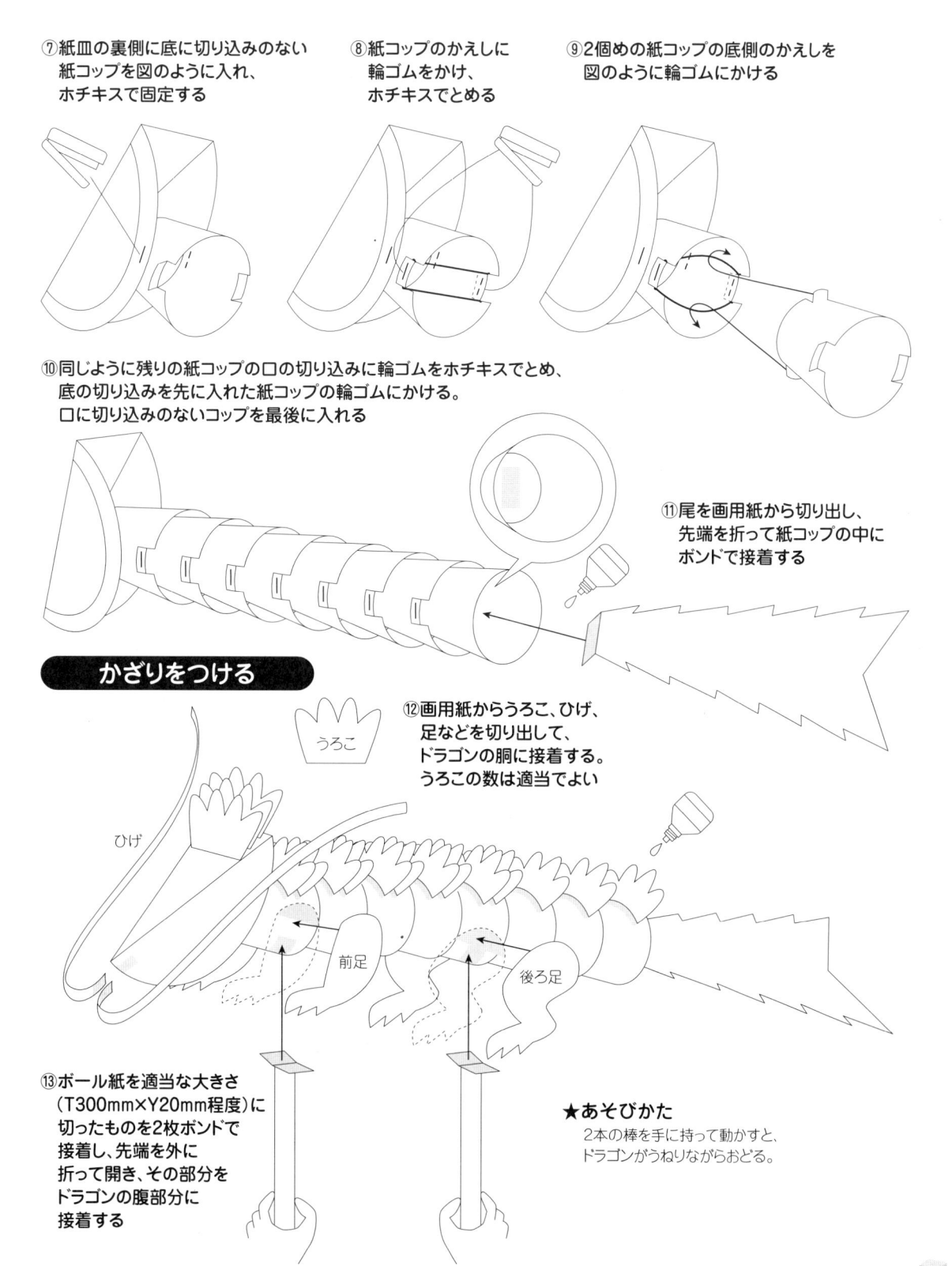

⑦ 紙皿の裏側に底に切り込みのない
　紙コップを図のように入れ、
　ホチキスで固定する

⑧ 紙コップのかえしに
　輪ゴムをかけ、
　ホチキスでとめる

⑨ 2個めの紙コップの底側のかえしを
　図のように輪ゴムにかける

⑩ 同じように残りの紙コップの口の切り込みに輪ゴムをホチキスでとめ、
　底の切り込みを先に入れた紙コップの輪ゴムにかける。
　口に切り込みのないコップを最後に入れる

⑪ 尾を画用紙から切り出し、
　先端を折って紙コップの中に
　ボンドで接着する

かざりをつける

うろこ

ひげ

⑫ 画用紙からうろこ、ひげ、
　足などを切り出して、
　ドラゴンの胴に接着する。
　うろこの数は適当でよい

前足　　後ろ足

⑬ ボール紙を適当な大きさ
　（T300mm×Y20mm程度）に
　切ったものを2枚ボンドで
　接着し、先端を外に
　折って開き、その部分を
　ドラゴンの腹部分に
　接着する

★あそびかた
2本の棒を手に持って動かすと、
ドラゴンがうねりながらおどる。

53

つくり方 くるくるバレリーナ

●主なパーツの寸法

- リング: 25 × 210
- ホイール×2枚: 100
- バレリーナ: 40 × 80 （形や絵柄は自由につくってください）

材料
- ボール紙（B5・1枚）／ケント紙（B5・1枚）
- 輪ゴム（2本）／ガチャガチャ容器（1個）／おはじき（1個）
- つまようじ（1本）

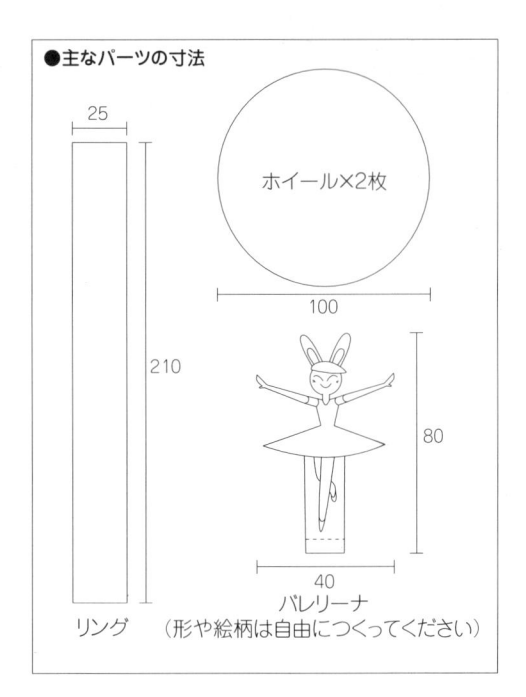

ホイールをつくる

①ホイール2枚をボール紙から切り出し、中央に穴をあける

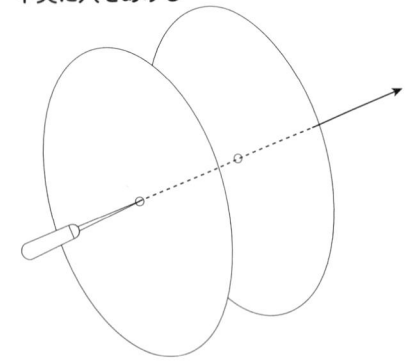

②ヘアピンなどを使ってホイールの穴に輪ゴム2本を通し、端をつまようじ（半分に切る）でとめる

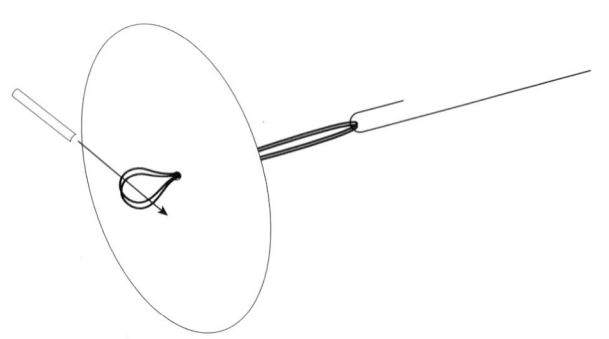

③ガチャガチャ容器の頂点の穴に、輪ゴムを
ホイール→ガチャガチャ容器→ガチャガチャ容器→ホイールの順に通し、
ホイールの外でもう半分のつまようじを使ってとめる。
ガチャガチャ容器とホイールはボンドで接着する

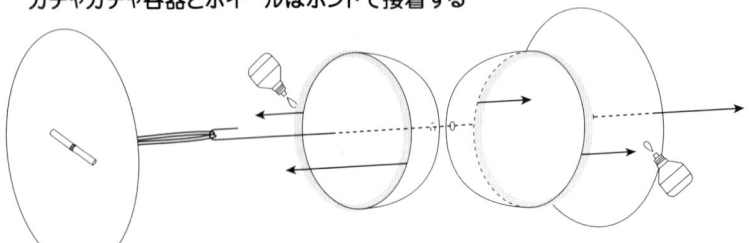

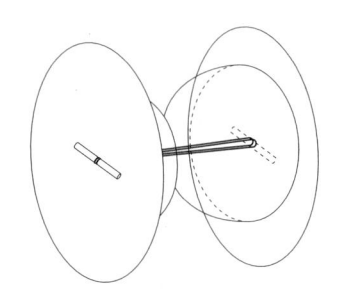

※ガチャガチャ容器：コインを入れてハンドルを回すと出てくるおもちゃがありますが、そのおもちゃが入っている容器のことです。
種類によっては片方の容器には穴があいてないものもありますので、その場合は穴をあけてください。

リングをつくる

④リングをケント紙から切り出し、おはじきを接着したあと
ガチャガチャ容器を包むように両端を接着して輪をつくる

⑤バレリーナをケント紙から切り出し、
リングの頂上にバレリーナを接着する。
おはじきが真下にくるようにする

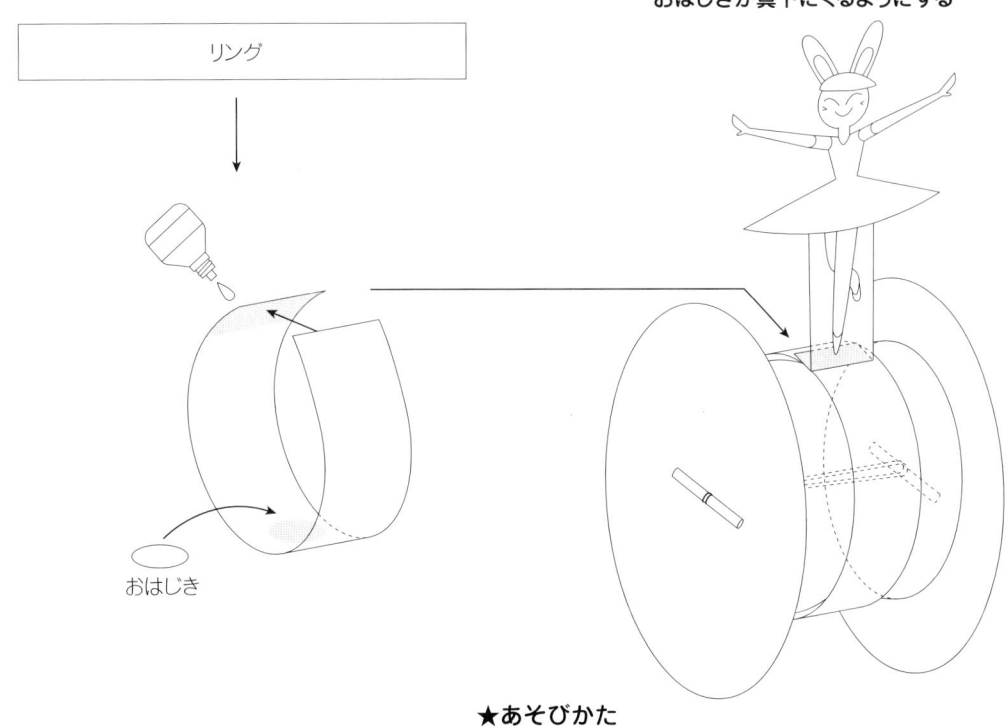

リング

おはじき

★あそびかた
一方のホイールを押さえて、もう一方のホイールを回してゴムを巻く。
テーブルに置くとバレリーナがくるくるとスピンをする。
おはじきは、バレリーナが上にくるようにするためのおもり。
必要に応じてもう少し重くなるようにしてもよい。

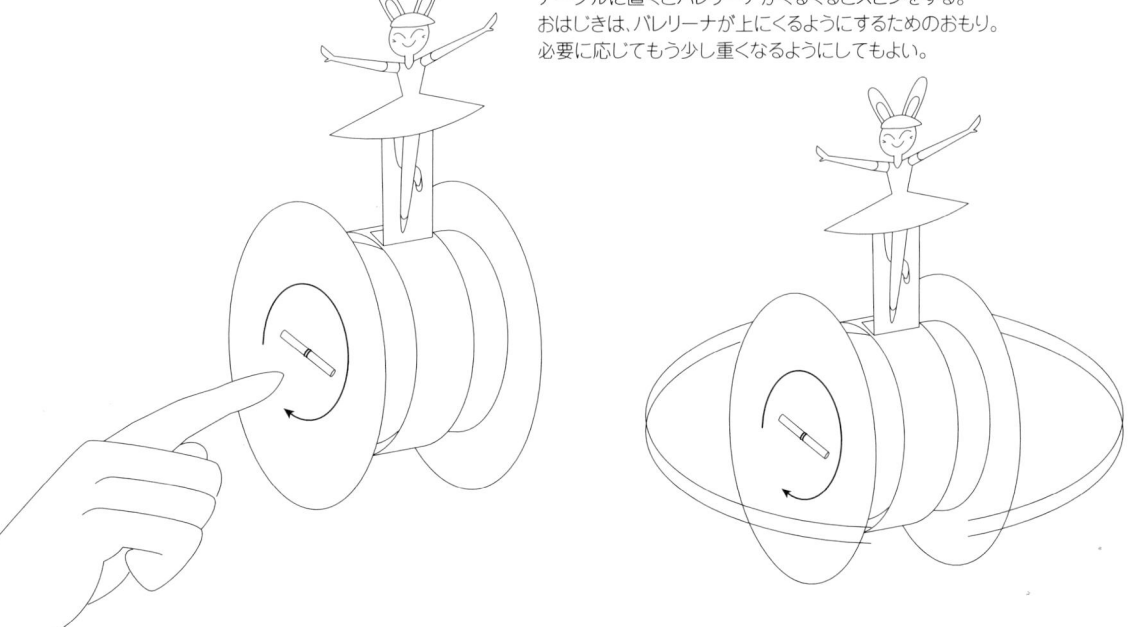

55

つくり方 コインスピナー

●主なパーツの寸法

発射機 / コース / 底板 / ジョイント / 柱×2枚 / 発射台ささえ / 発射台

材料：ボール紙（B4・1枚）／ケント紙（B5・1枚）／紙コップ（1個）／輪ゴム（1本）／コイン

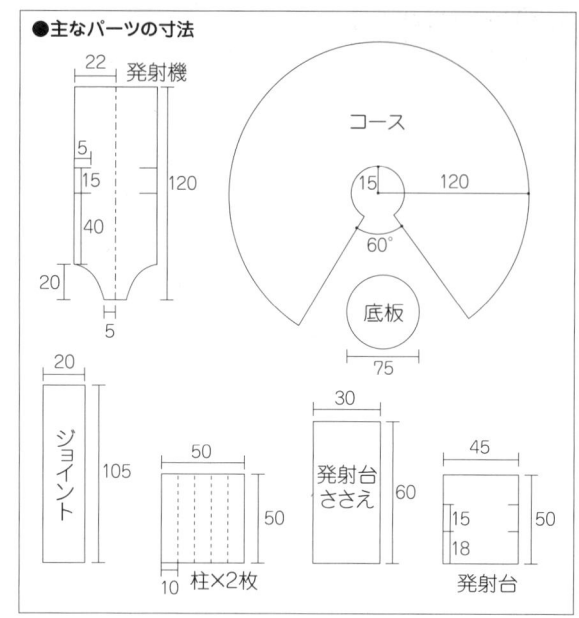

コースをつくる

①ボール紙からコースを切り出し、端と端を合わせる

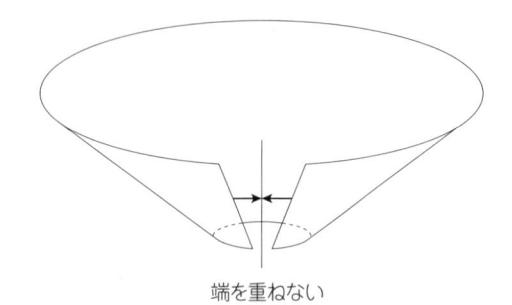

端を重ねない

②コースの外側にジョイントを図のように接着する

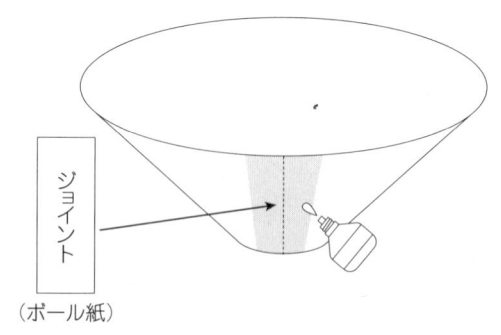

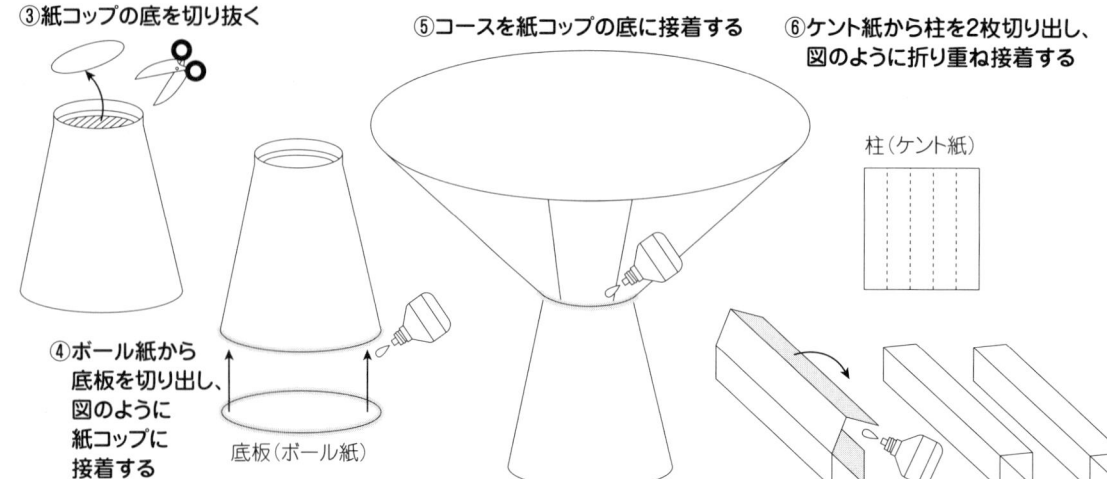

ジョイント（ボール紙）

③紙コップの底を切り抜く

④ボール紙から底板を切り出し、図のように紙コップに接着する

底板（ボール紙）

⑤コースを紙コップの底に接着する

⑥ケント紙から柱を2枚切り出し、図のように折り重ね接着する

柱（ケント紙）

発射機をつくる

⑦発射台をボール紙から切り出し、柱を発射台に接着する

⑧発射台に5ミリの切り込みを入れる

⑨発射機に5ミリの切り込みを入れ柱と柱の間にはさむ（接着はしない）

⑩発射台と発射機の切り込みに図のように輪ゴムをかける

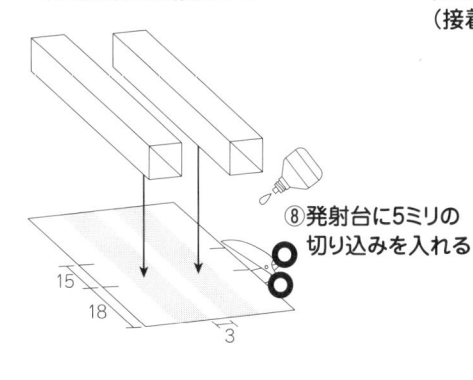

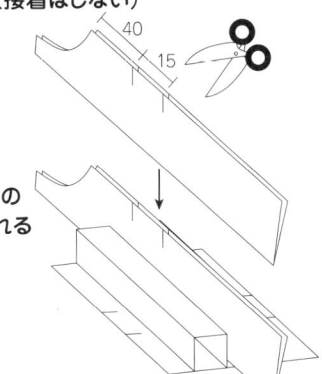

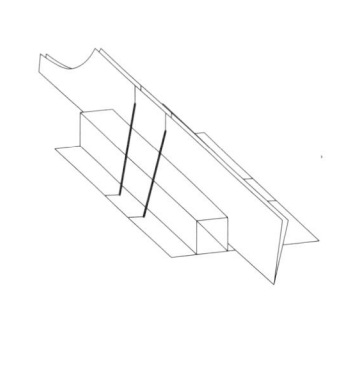

発射台をコースに取り付ける

⑪発射台をコースのふちに図のように少し傾けて接着する

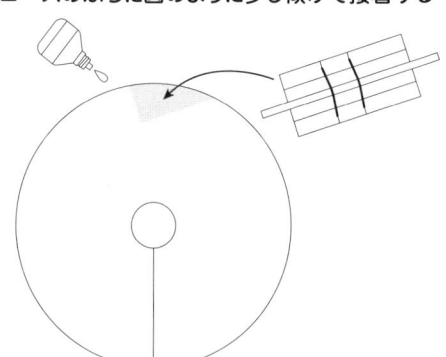

⑫発射台ささえをボール紙から切り出し、コースの裏側から発射台をささえるように接着する

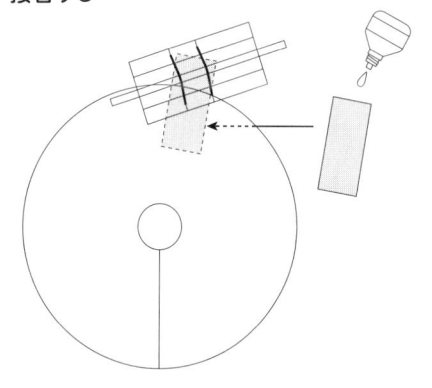

⑬コインを発射機の先端に軽く押しこむ

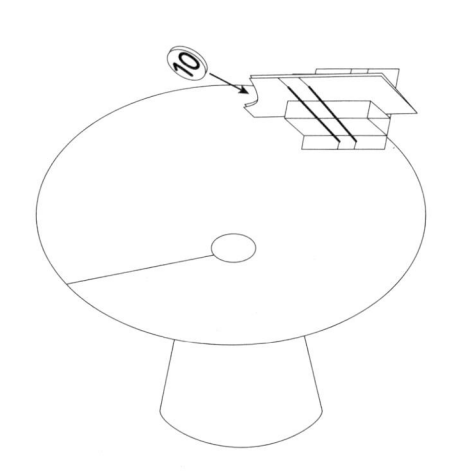

★**あそびかた**

発射機をつまんで軽く引いて放すと、コインがコースをぐるぐるまわりながら中央の穴におちて、お金がたまる。

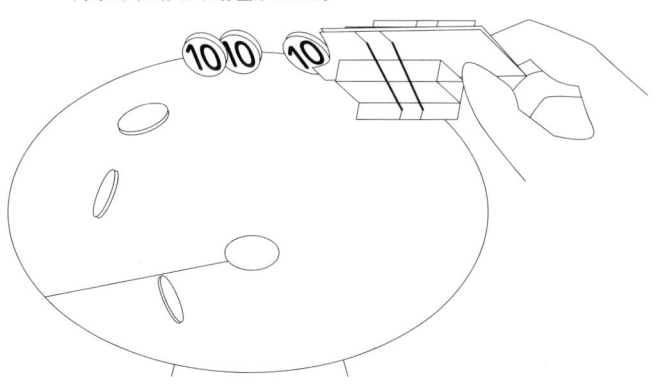

つくり方 びっくりカメラ

材料
- 空箱（T165mm×Y130mm×D20mm・1箱）
- ボール紙（B4・2枚）／輪ゴム（3本）
- タコ糸（50cm・1本）／ビーズ（1個）

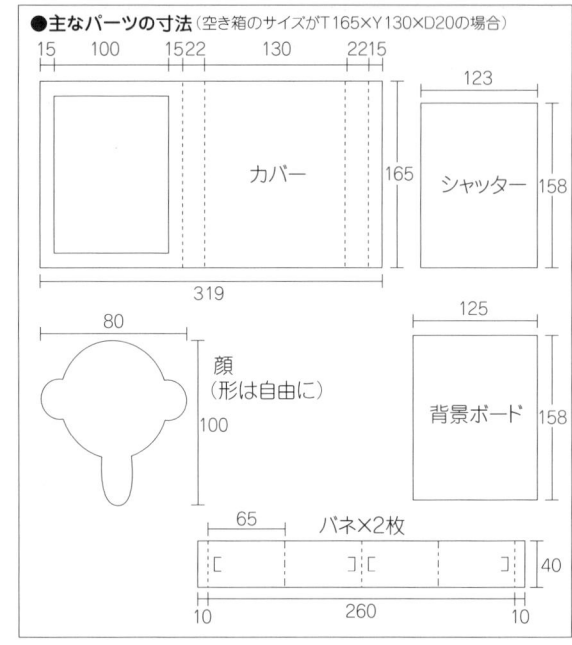

●主なパーツの寸法（空き箱のサイズがT165×Y130×D20の場合）

カバー 165×(100+15+22) 　シャッター 123×158
顔（形は自由に）80×100 　背景ボード 125×158
バネ×2枚 260×40（端10+10、65区切り）
全体幅 319（15+100+15+22+130+22+15）

ボディをつくる

① カバーをケント紙から切り出し空き箱に接着する

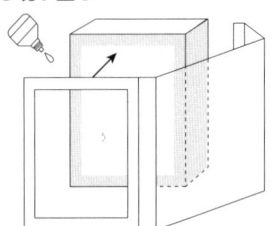

② 空き箱の表側をカバーの形に合わせて切り抜く
　上のふたは切りとる

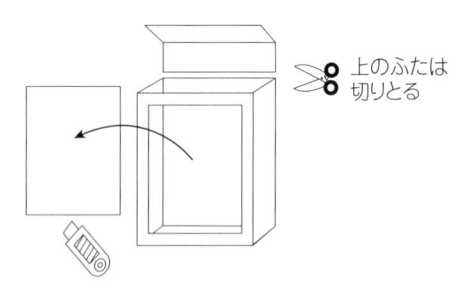

飛び出しメカをつくる

③ バネ2枚をボール紙から切り出し、強度が出るよう接着し、図の折り線に合わせて折りぐせをよくつける

④ カッターで輪ゴムかけを切り抜き、輪ゴムをかける

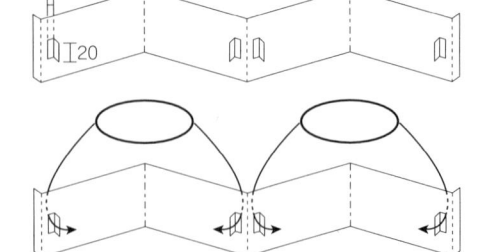

⑤ 顔をボール紙から切り出し、好きな絵をかく

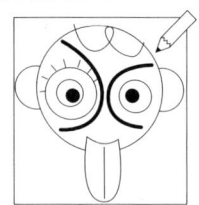

⑥ バネの端を10ミリほど折り曲げ顔の裏側に接着する

シャッターと背景ボードをセットする

⑦シャッターをボール紙から切り出し、下から10ミリのところに穴をあける

⑧穴にタコ糸を通し結びつける

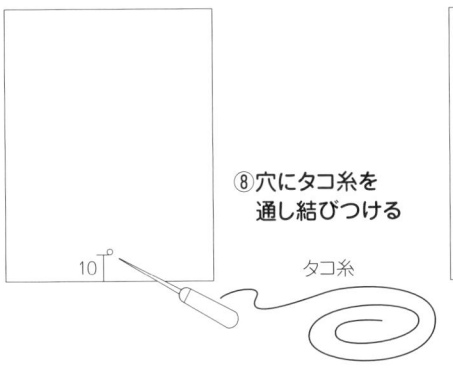

⑨結び目を押し上げ穴に押し込み、穴の下側をホチキスでとめる。シャッターらしい絵をかく

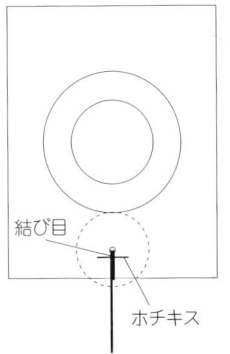

⑩空き箱の底の中心に穴をあける

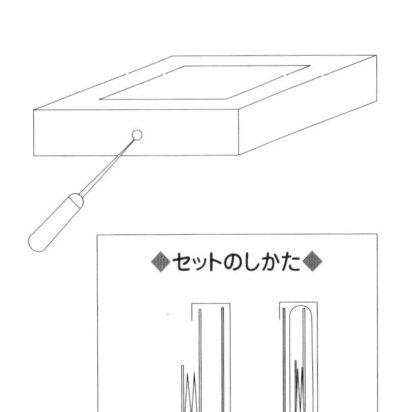

◆セットのしかた◆

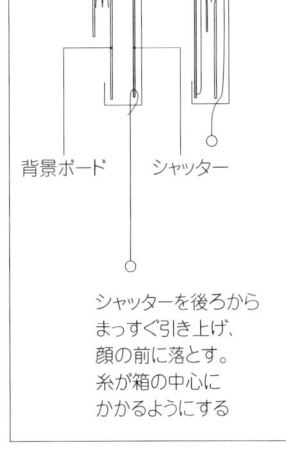

背景ボード　シャッター

シャッターを後ろからまっすぐ引き上げ、顔の前に落とす。糸が箱の中心にかかるようにする

⑪シャッターを箱に入れ、図のように糸を通す。糸の端にはビーズを結びつける

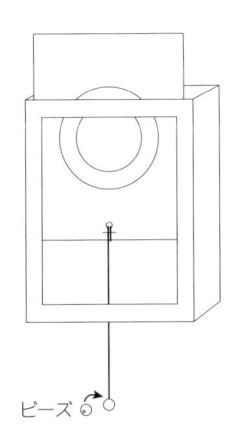

⑫シャッターの前に背景ボードを重ねるように入れる

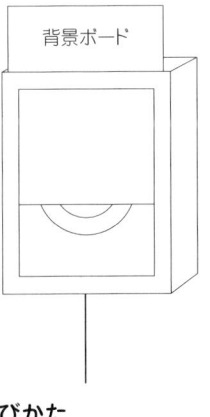

★あそびかた
顔を押し込んでシャッターをセットする（「セットのしかた」参照）。
糸を勢いよく引くと、シャッターが上にあがり、同時に顔が飛び出す。

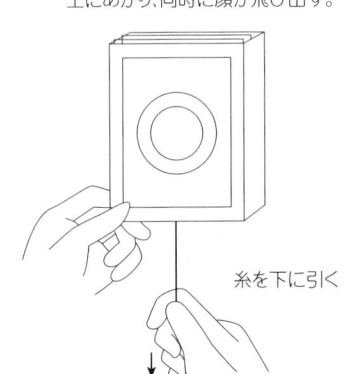

⑬バネの端を10ミリほど折り曲げ、背景に接着する

糸を下に引く

つくり方 牛乳パックシアター

● 主なパーツの寸法

- 背景 90 × 130
- イルカ × 2枚 30
- 星 25
- 天井・床 × 2枚 90 × 50
- うで 5 × 70

材料
牛乳パック(1リットル用・1個)／竹ぐし(1本)
ペットボトル片(70mm×5mm)／ボール紙(B5・1枚)
画用紙(B5・1/2枚)／輪ゴム(1本)／ビーズ(2個)

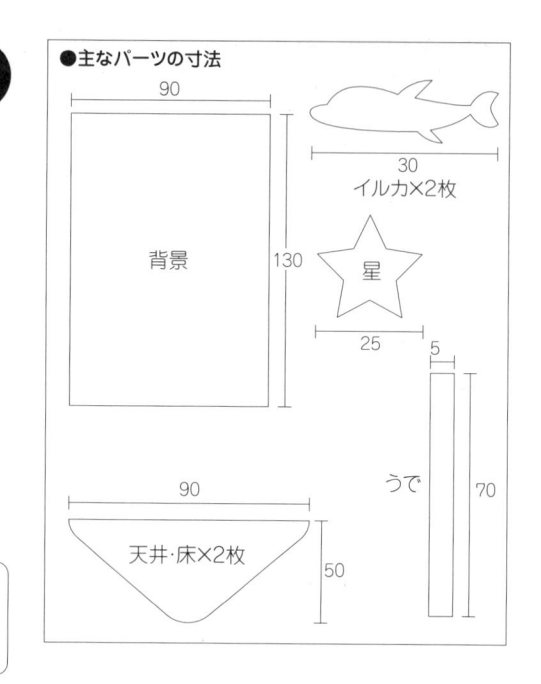

シアターをつくる

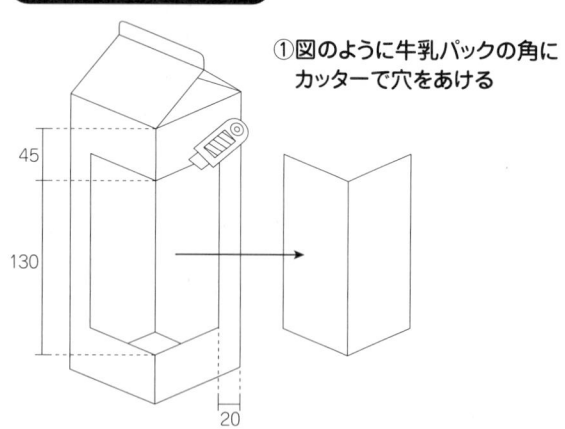

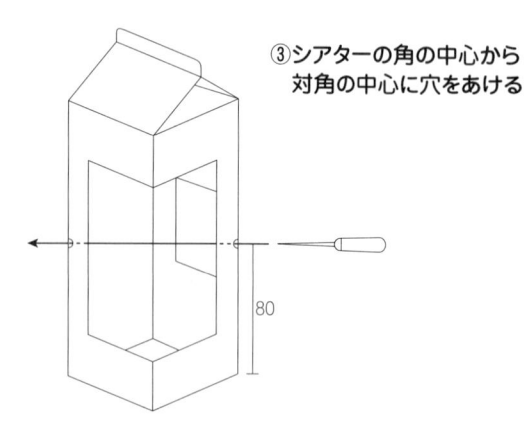

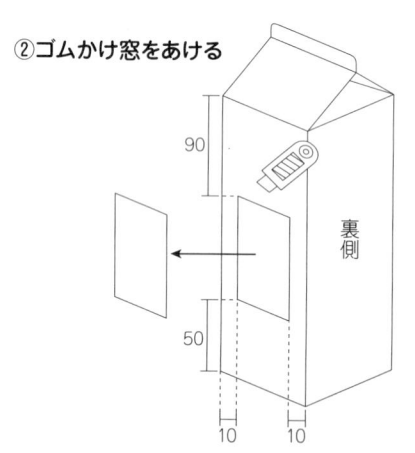

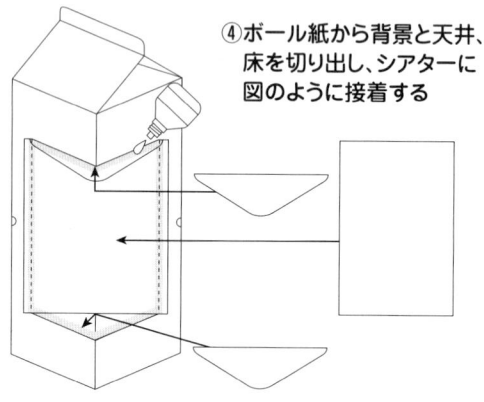

① 図のように牛乳パックの角にカッターで穴をあける
45 / 130 / 20

② ゴムかけ窓をあける
90 / 50 / 10 / 10 / 裏側

③ シアターの角の中心から対角の中心に穴をあける
80

④ ボール紙から背景と天井、床を切り出し、シアターに図のように接着する

メカをつくる

⑤背景の中心（③であけた穴と同じ高さ）から角の中心へ図のように穴をあける

⑥画用紙からイルカを2枚切り出す

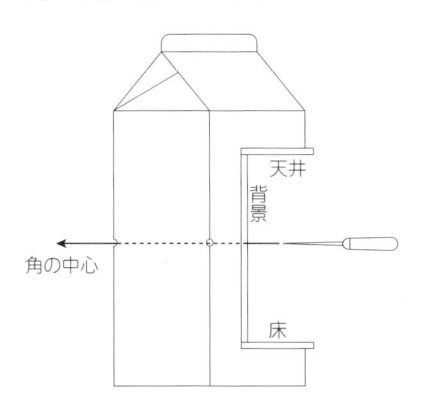

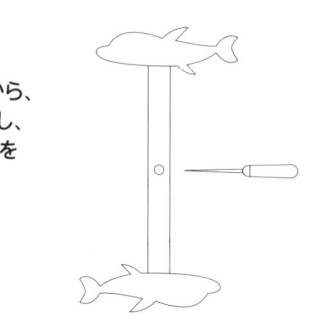

⑦ペットボトルから、うでを切り出し、両端にイルカを接着する

⑧うでの中心に穴をあける

⑨80ミリの長さに切った竹ぐしの端にうでを通し、ボンドで接着する。その上から星のかざりを接着する

⑩輪ゴムを切ってヒモにし、片方の端にビーズを通して先を結びつける

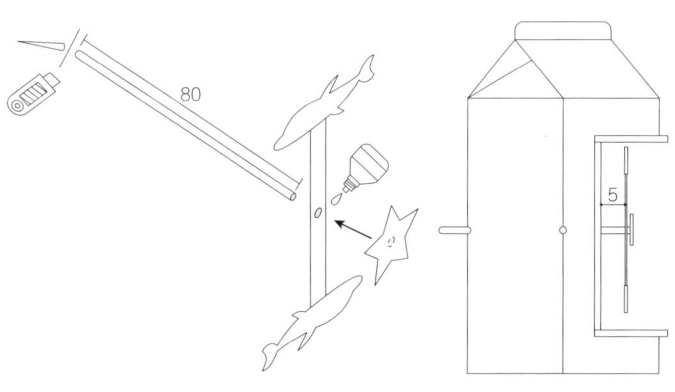

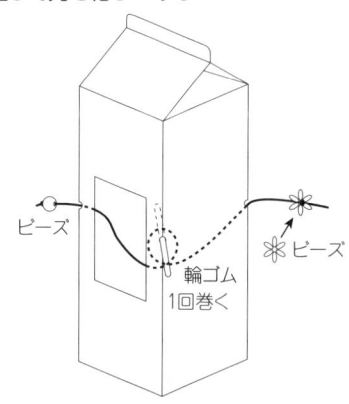

⑪輪ゴムを図のように一方の角に穴から入れ、竹ぐしに1回巻きつけてもう一方の角の穴から出し、こちらにもビーズを通して先を結びつける

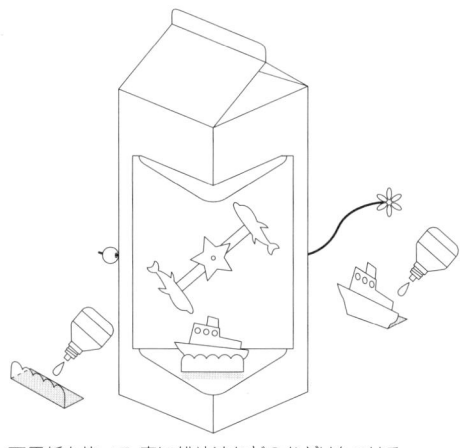

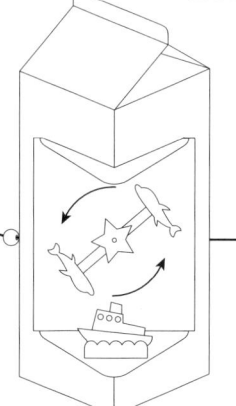

画用紙を使って、床に船や波などのかざりをつける

★あそびかた
ビーズを引くと、イルカがくるくる回りながらおいかけっこをする。

型紙 汽車ぽっぽ 〜汽車〜
つくり方：26ページ

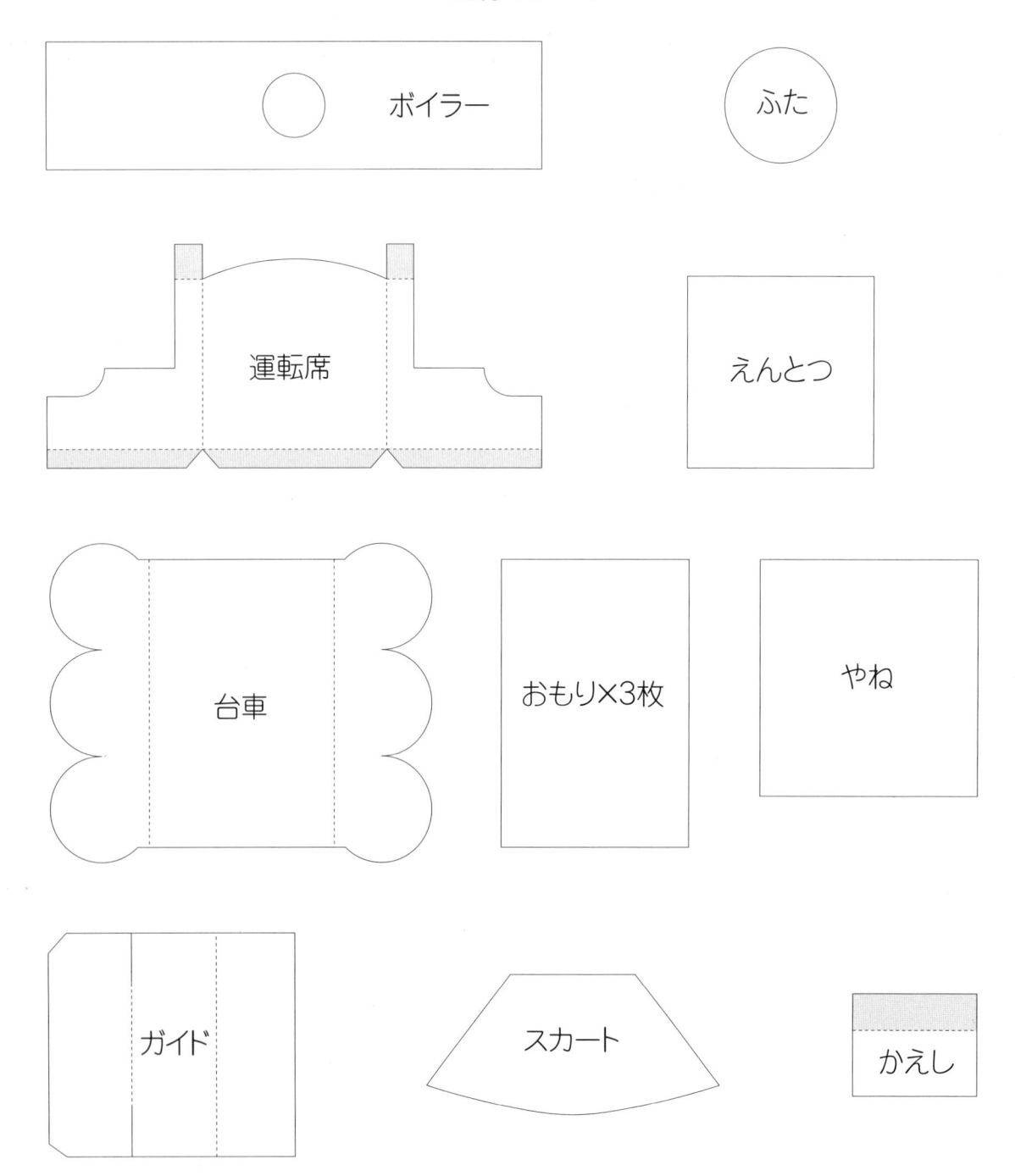

- ボイラー
- ふた
- 運転席
- えんとつ
- 台車
- おもり×3枚
- やね
- ガイド
- スカート
- かえし

型紙 スタントバギー 〜ボディ〜

つくり方：28ページ

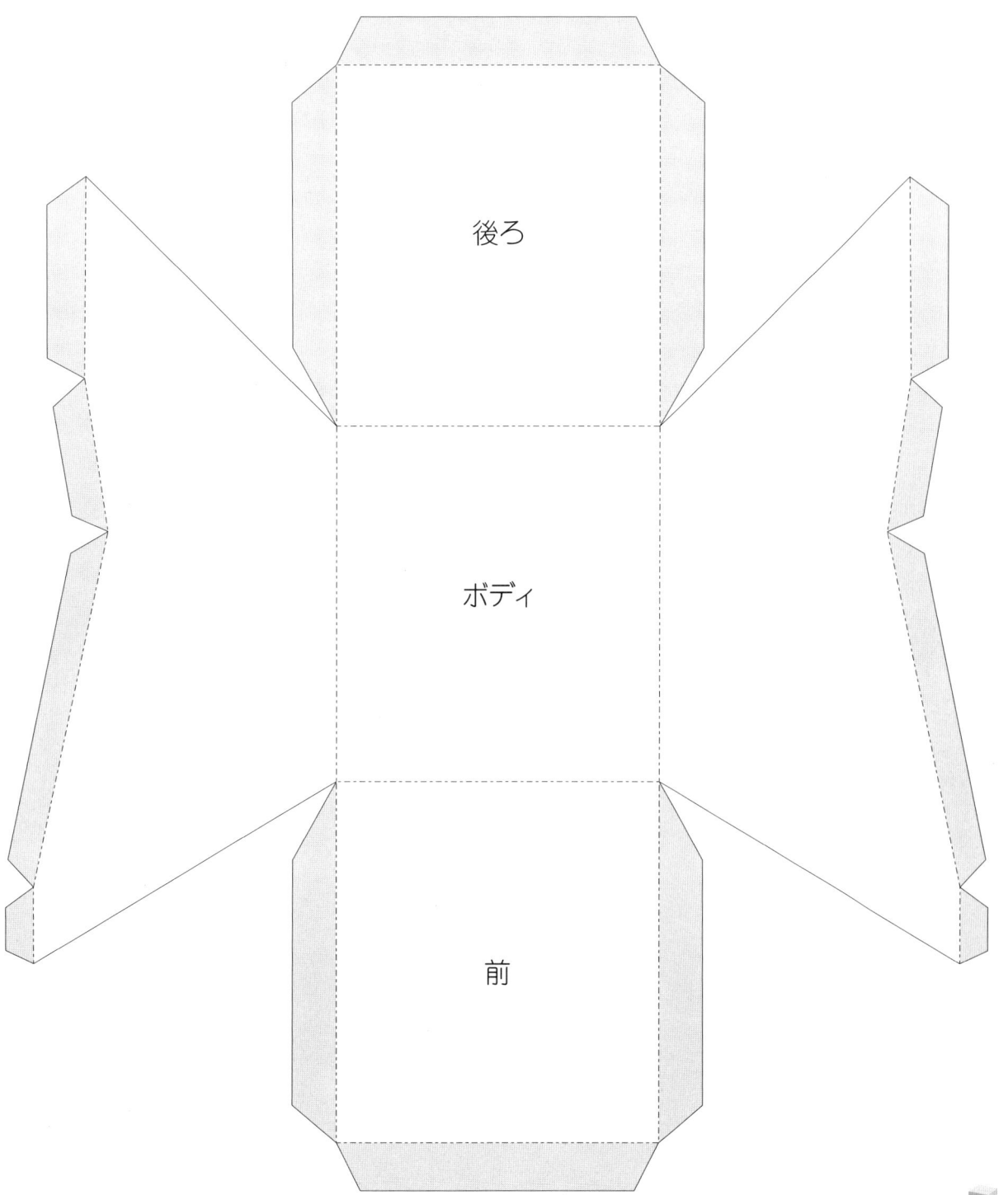

後ろ

ボディ

前

〈著者紹介〉
成井俊美（なるい・としみ）

ムービングクラフト作家。1953年福岡県生まれ。拓殖大学政経学部卒業後、出版社勤務を経て独立する。教育雑誌や単行本で「動く手づくりおもちゃ」の作品を数多く発表、1994年「ムービングクラフト展」と題した創作おもちゃの個展を開催。2000年、NHK沖縄との共催で「宮城巳知子・生と死の狭間で」展で、沖縄戦をCG作品で再現する試みが反響を呼んだ。また、2003年には衛星放送エルネット「こども放送局」で「すごいぞ紙わざ」講座の講師として活躍。現在も、「動く手づくりおもちゃ」の創作のかたわら、全国で実技指導を行っている。東京都あきる野市在住。
主な著書に『輪ゴムで動く』『紙の力で動く』（草土文化）、『おもちゃの工作ランド』（福音館書店）などがある。

ブックデザイン　小山比奈子　PHOTO　山崎兼慈

走る・はねる・飛ぶ！
輪ゴムで動くおもしろおもちゃ

2005年5月23日　第1版第1刷発行
2008年8月26日　第1版第11刷発行

著　者	成井俊美	
発行者	江口克彦	
発行所	PHP研究所	

京都本部
〒601-8411　京都市南区西九条北ノ内町11
［内容のお問い合わせは］教育出版部　075-681-8732
［購入のお問い合わせは］普及グループ　075-681-8818

制作協力　PHPエディターズ・グループ
印刷所
製本所　図書印刷株式会社

©Toshimi Narui 2005 Printed in Japan
落丁・乱丁本の場合は送料弊社負担にてお取り替えいたします。
ISBN4-569-64059-1